메시지 | 누가복음

THE MESSAGE: Luke

Eugene H. Peterson

MESSAGE

누가복음

유진 피터슨

복 있는 사람

메시지 | 누가복음

2019년 12월 20일 초판 1쇄 발행
2023년 11월 16일 초판 5쇄 발행

지은이 유진 피터슨
옮긴이 김순현 윤종석 이종태
감수자 김영봉
펴낸이 박종현

(주) 복 있는 사람
주소 서울특별시 마포구 연남동 246-21(성미산로23길 26-6)
전화 02-723-7183(편집), 7734(영업·마케팅) 팩스 02-723-7184
이메일 hismessage@naver.com
등록 1998년 1월 19일 제1-2280호

ISBN 978-89-6360-334-6 00230

이 도서의 국립중앙도서관 출판예정도서목록(CIP)은 서지정보유통지원시스템 홈페이지(http://
seoji.nl.go.kr)와 국가자료공동목록시스템(http://www.nl.go.kr/kolisnet)에서 이용하실 수 있습니다. (CIP 제어번호: 2019049729)

THE MESSAGE: Luke
by Eugene H. Peterson

차례

『메시지』를 읽는 독자에게

『메시지』에 독특한 점이 있다면, 현직 목사가 그 본문을 다 듬었기 때문일 것이다. 나는 성경의 메시지를 내가 섬기는 사람들의 삶 속에 들여놓는 것을 내게 주어진 일차적 책임으로 받아들이고 성인 인생의 대부분을 살아왔다. 강단과 교단, 가정 성경공부와 산상수련회에서 그 일을 했고, 병원과 양로원에서 대화하면서, 주방에서 커피를 마시고 바닷가를 거닐면서 그 일을 했다. 『메시지』는 40년간의 목회 사역이라는 토양에서 자라난 열매다.

인간의 삶을 만들고 변화시키는 하나님의 말씀은, 내가 『메시지』 작업을 하는 동안 정말로 사람들의 삶을 만들고 변화시켰다. 우리 교회와 공동체라는 토양에 심겨진 말씀의 씨앗은, 싹을 틔우고 자라서 열매를 맺었다. 현재의 『메시지』를 작업할 무렵에는, 내가 수확기의 과수원을 누비며 무성한 가지에서 잘 영근 사과며 복숭아며 자두를 따고 있다는 기분이 들곤 했다. 놀랍게도 성경에는, 내가 목회하는 성도며 죄인인 사람들이 살아 낼 수 없는 말씀, 이 나라와 문화 속에서 진리로 확증되지 않는 말씀이 단 한 페이지도 없었다.

내가 처음부터 목사였던 것은 아니다. 원래 나는 교사의 길에 들어서서, 몇 년간 신학교에서 성경 원어인 히브리어와 그리스어를 가르쳤다. 남은 평생을 교수와 학자로 가르치고 집필하고 연구하며 살겠거니 생각했었다. 그러다 갑자기 직업을 바꾸어 교회 목회를 맡게 되었다.

뛰어들고 보니, 교회는 전혀 다른 세계였다. 제일 먼저 눈에 띈 차이는, 아무도 성경에 별로 관심이 없어 보인다는 점이었다. 얼마 전까지만 해도, 사람들은 내게 돈을 내면서까지 성경을 가르쳐 달라고 했는데 말이다. 내가 새로 섬기게 된 사람들 중 다수는, 사실 성경에 대해 아무것도 몰랐다. 성경을 읽은 적도 없었고, 배우려는 마음조차 없었다. 성경을 몇 년씩 읽어 온 사람들도 많았지만, 그들에게 성경은 너무 익숙해서 무미건조하고 진부한 말로 전락해 있었다. 그들은 지루함을 느낀 나머지 성경을 제쳐 둔 상태였다. 그 양쪽 사이에 있는 사람은 많지 않았다. 내가 가장 중요하게 여긴 일은, 성경 말씀을 그 사람들의 머리와 가슴 속에 들여놓아서, 성경의 메시지가 그들의 삶이 되게 하는 것이었다. 그러나 거기에 관심을 갖는 사람은 거의 없었다. 신문과 잡지, 영화와 소설이 그들 입맛에 더 맞았다.

결국 나는, 바로 그 사람들에게 성경의 메시지를 듣게—정말로 듣게—해주는 일을 내 평생의 본분으로 삼게 되었다. 그것이야말로 확실히 나를 위해 예비된 일이었다.

나는 성경의 세계와 오늘의 세계라는 두 언어 세계에 살고 있었다. 나는 언제나 그 두 세계가 같은 세계인 줄 알았다. 그러나 사람들은 그렇게 보지 않았다. 나는 어쩔 수 없이 "번역가"(당시에는 그런 표현을 쓰지 않았지만)가 되었다. 날마다 그 두 세계의 접경에 서서, 하나님이 우리를 창조하시고 구원하시고 치유하시고 복 주시고 심판하시고 다스리실 때 쓰시는 성경의 언어를, 우리가 잡담하고 이야기하고 길을 알려 주고 사업하고 노래 부르고 자녀에게 말할 때 쓰는 오늘의 언어로 옮긴 것이다.

그렇게 하는 동안, 성경의 원어—강력하고 생생한 히브리어와 그리스어—는 끊임없이 내 설교의 물밑에서 작용했다. 성경의 원어는 단어와 문장을 힘 있고 예리하게 해주고, 내가 섬기는 사람들의 상상력을 넓혀 주었다. 그래서 오늘의 언어 속에서 성경의 언어를 듣고, 성경의 언어 속에서 오늘의 언어를 들을 수 있게 해주었다.

나는 30년간 한 교회에서 그 일을 했다. 그러던 어느 날(1990년 4월 30일이었다), 한 편집자가 내게 편지를 보내 왔다. 그동안 내가 목사로서 해온 일의 연장선에서 새로운 성경 번역본을 집필해 달라는 청탁의 편지였다. 나는 수락했다. 그 후 10년은 수확기였다. 그 열매가 바로 『메시지』다.

『메시지』는 읽는 성경이다. 기존의 탁월한 주석성경을 대체하기 위한 것이 아니다. 내 취지는 간단하다. (일찍이 우리 교회와 공동체에서도 그랬듯이) 성경이 충분히 읽을 수 있는 책이라는 사실을 모르는 사람들에게 성경을 읽게 해주고, 성경에 관심을 잃은 지 오래된 사람들에게 성경을 다시 읽게 해주는 것이다. 그렇다고 굳이 내용을 쉽게 하지는 않았다. 성경에는 이해하기 어려운 부분도 많이 있다. 그래서 『메시지』를 읽다 보면, 더 깊은 연구에 도움이 될 주석성경을 구하는 일이 조만간 중요하게 여겨질 것이다. 그때까지는, 일상을 살기 위해 읽으라. 읽으면서 이렇게 기도하라. "하나님, 말씀하신 대로 내게 이루어지기를 원합니다."

유진 피터슨

우리 대부분은 자기 혼자만 겉도는 것처럼 느낄 때가 많다.
다른 사람들은 아주 당당하고 자신감 넘치고 소속감도 분명
해 보이는데, 나는 따로 밀려나 어울리지 못하는 바깥 사람
같다.

이런 경우에 우리가 취하는 방법은, 따로 우리의 모임을
만들거나 우리를 받아 줄 모임을 찾아가는 것이다. 그 모임
에서만은, 나는 소속되어 있고 다른 사람들은 바깥에 있다.
사람들은 정치, 경제, 사회, 문화 등 다양한 분야에서 공식,
비공식으로 모인다. 그러한 모임의 한 가지 공통점은 배제
의 원칙이다. 선택받은 일부 사람 외에 나머지 사람들을 배
제함으로써 모임의 정체성과 가치를 획득하는 것이다. 우리
는 '소속감'이라는 달콤함을 맛보기 위해 다른 사람들을 배
제하고 밀어낸다. 하지만 그 과정에서, 우리의 현실은 축소
되고 삶은 협소해진다. 끔찍한 대가가 아닐 수 없다.

종교라는 미명하에 이런 대가를 치를 때보다 더 비참한
경우도 없다. 그런데 놀랍게도, 종교는 오랜 역사 속에서 바
로 그런 일을 해왔다. 하나님의 크나큰 신비를 그럴듯한 모

임 규정 정도로 축소해 버렸고, 거대한 인간 공동체를 멤버십 수준으로 격하해 온 것이다. 그러나 하나님께 바깥 사람, 소외된 사람이란 없다. 예수께서는 "잃어버린 자를 찾아 회복시키려고 왔다"고 말씀하셨다(눅 19:10).

누가는 바깥 사람, 소외된 사람을 가장 강력하게 옹호한 사람이다. 그 자신이 바깥 사람이었던—전부 유대인으로 구성된 신약성경 기자들 가운데 유일한 이방인이었던—누가는, 당대의 기성 종교가 흔히 바깥 사람으로 취급하며 소외시키던 사람들—여자들, 평범한 노동자들(목자), 다른 인종의 사람들(사마리아 사람), 가난한 사람들—을 예수께서 어떻게 끌어안아 안으로 포함시켜 주시는지를 보여준다. 예수께서는 종교가 인간의 모임으로 전락하는 것을 묵인하지 않으시는 분이다. 우리 또한 안에 들어갈 희망 하나 없이 바깥에서 기웃거리며 삶을 들여다본 적이 있다. (그런 기분을 느껴 보지 않은 사람이 우리 가운데 누가 있겠는가!) 그러나 누가가 전하는 이야기를 듣다 보면, 이제 문이 활짝 열렸고 하나님이 예수 안에서 우리를 만나시며 안아 주신다는 사실을 깨닫게 된다. 예수께서는 이렇게 말씀하셨다. "구하여라, 그러면 받을 것이다. 찾아라, 그러면 발견할 것이다. 두드려라, 그러면 문이 열릴 것이다"(눅 11:9).

누가복음

1 ¹⁻⁴ 자신들의 삶으로 이 말씀을 섬겼던 최초의 목격자들이 전해 준 보고를 바탕으로, 우리 가운데 일어난 성경과 역사의 놀라운 추수 이야기를 정리하려고 손을 댄 사람들이 아주 많았습니다. 이야기의 발단부터 시작해 모든 보고를 아주 자세히 살펴본 나도, 데오빌로 각하를 위해 모든 것을 상세하게 기록하기로 했습니다. 이로써 각하께서는 그동안 배운 것이 믿을 만한 것임을 확실히 알게 될 것입니다.

천사가 요한의 출생을 알리다

⁵⁻⁷ 유대 왕 헤롯이 다스리던 때에, 아비야 반열에서 직무를 맡은 제사장이 있었습니다. 그의 이름은 사가랴였습니다. 그의 아내는 아론의 후손으로, 이름은 엘리사벳이었습니다. 이들 부부는

주의하여 계명의 도를 지키고, 하나님 앞에서 깨끗한 양심을 품고서 바르게 살았다. 그러나 엘리사벳이 임신을 할 수 없어 그들에게는 자식이 없었고, 이미 나이도 많았다.

8-12 마침 사가랴가 자기 차례가 되어 하나님 앞에서 제사장 직무를 수행하고 있었는데, 그가 하나님의 성소에 들어가 분향하는 일을 맡게 되었다. 그것은 평생 한 번 오는 일이었다. 분향 시간에 회중은 성전 바깥에 모여 기도하고 있었다. 그때 하나님의 천사가 예고도 없이 성소의 분향단 오른쪽에 나타났다. 사가랴는 두려워서 그 자리에 얼어붙었다.

13-15 천사가 그를 안심시켰다. "사가랴야, 두려워 마라. 하나님께서 네 기도를 들으셨다. 네 아내 엘리사벳이 아들을 낳을 것이다. 너는 그 이름을 요한이라고 하여라. 너는 기뻐서 사슴처럼 뛸 것이며, 너뿐만 아니라 많은 사람들이 그의 출생을 즐거워할 것이다. 그는 하나님께 큰 인물이 될 것이다.

15-17 그는 포도주와 맥주를 마시지 않을 것이며, 모태에서 나오는 순간부터 성령으로 충만할 것이다. 그는 이스라엘의 많은 아들딸들을 하나님께로 돌아오게 할 것이다. 그는 엘리야의 방식과 능력으로 하나님의 오심을 알리고, 자녀를 향한 부모의 마음을 녹이며, 완고한 회의론자들의 마음에 뜨거운 깨달음의 불이 타오르게 할 것이다. 그는 백성으로 하여금 하나님을 맞을 준비를 하게 할 것이다."

18 사가랴가 천사에게 말했다. "그 말씀을 믿으라는 말입니까? 나는 늙은 사람이고 내 아내도 늙었습니다."

19-20 그러자 천사가 말했다. "나는 하나님의 파수꾼 가브리엘이다. 나는 너에게 이 기쁜 소식을 전해 주려고 특별히 보내심을 받았다. 그런데 네가 내 말을 믿지 않으니, 네 아들이 태어나는 날까지 너는 말을 하지 못할 것이다. 내가 너에게 한 말은, 하나님의 때가 되면 그대로 다 이루어질 것이다."

21-22 한편, 사가랴를 기다리던 회중은 그가 성소 안에 왜 그렇게 오래 있는지 이상하게 여기며 조바심을 냈다. 사가랴가 밖으로 나와 말을 하지 못하자, 그들은 그가 환상을 본 줄 알았다. 사가랴는 계속해서 말을 하지 못한 채, 손짓으로 사람들에게 뜻을 전해야 했다.

23-25 제사장 직무 기간이 끝나자, 사가랴는 집으로 돌아갔다. 얼마 후에 그의 아내 엘리사벳이 임신했다. 그녀는 아이를 갖게 된 것을 기뻐하며 다섯 달 동안을 홀로 떨어져 지냈다. 그녀는 "하나님께서 나의 딱한 처지를 이렇게 보상해 주시는구나!"라고 말했다.

처녀가 임신하여 아들을 낳을 것이다

26-28 엘리사벳이 임신한 지 여섯 달이 되었을 때, 하나님께서 천사 가브리엘을 갈릴리 나사렛 동네에 다윗의 자손인 남자와 약혼한 처녀에게 보내셨다. 남자의 이름은 요셉이고, 처녀의 이름은 마리아였다. 가브리엘이 들어가서, 마리아에게 인사했다.

잘 있었느냐!
너는 하나님의 아름다움으로,
안과 밖이 다 아름답구나!
하나님께서 너와 함께하신다.

²⁹⁻³³ 마리아는 크게 동요하며, 그 인사에 감춰진 뜻이 무엇인지 궁금히 여겼다. 천사가 그녀를 안심시켰다. "마리아야, 조금도 두려워할 것 없다. 하나님께서 너에게 주시는 놀라운 선물이 있다. 네가 임신하여 아들을 낳을 것이니, 그 이름을 예수라고 하여라.

그는 크게 되어
'지극히 높으신 분의 아들'이라 불릴 것이다.
주 하나님께서 그에게
그의 조상 다윗의 왕위를 주실 것이다.
그는 영원히 야곱의 집을 다스리고
그의 나라는 영원무궁할 것이다."

³⁴ 마리아가 천사에게 말했다. "하지만 어떻게 그럴 수 있습니까? 나는 남자와 잠자리를 같이한 적이 없습니다."
³⁵ 천사가 대답했다.

성령께서 네게 임하셔서

지극히 높으신 분의 능력이 네 위에 머물 것이다.

그러므로 네가 낳을 아기는

거룩하신 분, 하나님의 아들이라 불릴 것이다.

36-38 "너는 네 사촌 엘리사벳이 늙은 나이에 아이를 가진 것을 알고 있느냐? 모두가 아이를 가질 수 없다고 하던 그녀가, 임신한 지 여섯 달이 되었다! 보아라, 하나님께는 불가능한 일이 없다."

마리아가 말했다.

이제야 모두 알겠습니다.

나는 섬길 준비가 된 주님의 여종입니다.

당신의 말씀대로

내게 이루어지기를 원합니다.

천사가 그녀를 떠나갔다.

여자 가운데 참으로 복된 자

39-45 마리아는 잠시도 지체하지 않았다. 그녀는 일어나 유대 산지의 한 동네로 가서, 곧장 사가랴의 집을 찾아가 엘리사벳에게 문안했다. 엘리사벳이 마리아의 인사를 받을 때에, 그녀의 뱃속에서 아기가 뛰놀았다. 엘리사벳은 성령이 충만하여 뜨겁게 노래했다.

그대는 여자 가운데 참으로 복되고,
그 뱃속의 아기도 복되다!
내 주님의 어머니가 나를 찾아오다니
이 큰 복이 어찌 된 일인가!
그대의 문안하는 소리가
내 귀에 들리는 순간,
내 뱃속의 아기가
마냥 기뻐서 어린양처럼 뛰어놀았다.
하나님께서 하신 말씀을 믿고,
그 말씀대로 다 이루어질 것을 믿은 여자는 복되다!

46-55 마리아가 말했다.

하나님이 들려주신 복된 소식으로 내 마음 터질 듯하니,
내 구주 되신 하나님의 노래로 기뻐 춤추리라.
하나님이 나를 주목하심으로, 무슨 일이 일어났는지 보라.
나는 이 땅에서 가장 복된 여자다!
하나님이 내게 행하신 일, 영원토록 잊지 않으리.
다른 모든 것과 구별되시는 하나님, 그 이름 거룩하시다.
그 앞에 두려워 떠는 이들에게
그의 자비 물밀 듯 밀려오네.
그가 팔을 뻗어 능력을 보이셨고
거만스레 허세부리는 자들을 흩으셨다.

오만한 폭군들을 내리치시고
고통당한 이들을 진창에서 건져 내셨다.
가난하고 굶주린 사람들이 잔칫상에 앉으니
야멸친 부자들이 냉대를 당했다.
기억하셔서, 풍성한 자비 드높이 쌓으시며
택하신 자녀 이스라엘을 품으셨다.
아브라함으로 시작해 지금까지,
약속하신 대로, 그의 자비가 정확히 이루어졌다.

⁵⁶ 마리아는 석 달 동안 엘리사벳과 함께 있다가 자기 집으로 돌아갔다.

요한의 출생

⁵⁷⁻⁵⁸ 출산일이 되어 엘리사벳이 아들을 낳았다. 이웃과 친척들은 하나님께서 그녀에게 베푸신 큰 자비를 보고 함께 즐거워했다.

⁵⁹⁻⁶⁰ 여드레째 되는 날, 그들이 아기에게 할례를 행하러 와서, 그 아버지의 이름을 따서 아기의 이름을 사가랴로 지으려고 했다. 그러나 엘리사벳이 끼어들었다. "아닙니다. 이 아이의 이름은 요한이라고 해야 합니다."

⁶¹⁻⁶² 그들이 말했다. "하지만 당신네 집안에는 그런 이름을 가진 사람이 아무도 없지 않습니까?" 그들은 사가랴에게 손짓하여, 아이에게 어떤 이름을 지어 주려고 하는지 물었다.

63-64 사가랴가 서판을 달라고 하더니 이렇게 썼다. "아이의 이름은 요한이라고 해야 합니다." 사람들이 모두 깜짝 놀랐다. 놀랄 일은 그것만이 아니었다. 어느새 사가랴의 입이 열리고 혀가 풀어지더니, 말을 하면서 하나님을 찬양하는 것이었다!

65-66 깊은 경외심이 이웃을 덮었고, 유대 온 산지 사람들이 온통 그 이야기뿐이었다. 이야기를 들은 사람들은 모두 그 일을 마음에 새기며 놀라워했다. "이 아이가 장차 어떤 사람이 될까? 하나님께서 이 일에 함께하신 것이 분명하다."

67-79 사가랴가 성령이 충만하여 이렇게 예언했다.

이스라엘의 주 하나님을 찬양하여라.
그가 오셔서 그 백성을 자유케 하셨다.
그가 구원의 능력을 우리 삶의 중심에,
그의 종 다윗의 집에 두셨으니,
그의 거룩한 예언자들을 통해
오래전 약속하신 말씀 그대로
우리를 원수들과
우리를 미워하는 모든 손에서 건지셨다.
우리 조상에게 자비를 베푸셔서
말씀하신 것을 기억하고 행하셨으니,
곧 우리 조상 아브라함에게 맹세하신 대로
적진에서 우리를 구하셨다.

우리로 하여금 세상 걱정 없이 그분을 예배하며,
사는 날 동안 그분 앞에 거룩하게 하셨다.

'지극히 높으신 분의 예언자'인 내 아기여,
너는 주님 앞서 가서 그의 길을 예비하고
그의 백성에게 구원과
죄 용서의 소식을 전해 줄 것이다.
하나님의 자비로우신 마음,
하나님의 해돋음 우리에게 임하셔서
어둠 속,
죽음의 그늘에 앉아 있는 이들을 비추고,
우리의 길을 한 걸음씩 밝혀
평화의 길로 인도할 것이다.

80 아이는 자라며 심령이 굳세어졌다. 그는 예언자로 이스라
엘에 등장하기까지 광야에서 살았다.

예수의 탄생

2 1-5 그 무렵, 아우구스투스 황제가 명령을 내려 제국
전역에 인구조사를 실시하도록 했다. 이것은 구레뇨
가 시리아 총독일 때 실시한 첫 인구조사였다. 모든 사람이
자기 조상의 고향으로 가서 조사를 받아야 했다. 요셉도 인
구조사를 받으러 갈릴리 나사렛 마을에서 다윗의 동네인 유

대 베들레헴으로 올라갔다. 그는 다윗의 자손이었으므로,
그곳으로 가야 했다. 요셉은 약혼녀 마리아와 함께 갔는데,
그녀는 임신중이었다.

6-7 그들이 거기 머무는 동안 출산할 때가 되었다. 마리아는
첫 아들을 낳았다. 여관에 방이 없어서, 그녀는 아기를 포대
기에 싸서 구유에 뉘었다.

목자들이 예수 탄생의 소식을 듣다

8-12 근처 들에서 목자들이 밤을 새며 양 떼를 지키고 있었
다. 그때 갑자기, 하나님의 천사가 그들 가운데 서고, 하나
님의 영광이 그들 주위를 두루 비추었다. 목자들은 두려워
떨었다. 천사가 말했다. "두려워 마라. 내가 여기 온 것은,
온 세상 모든 사람을 위한 놀랍고 기쁜 사건을 알려 주기 위
해서다. 방금 다윗의 동네에 구주가 나셨으니, 그는 메시아
요 주님이시다. 너희는 가서 포대기에 싸여 구유에 뉘어 있
는 아기를 찾아라."

13-14 어느새 어마어마한 천사 합창대가 나타나서, 그 천사와
더불어 하나님을 찬양했다.

　높은 하늘에서는 하나님께 영광,
　땅에서는 그분을 기쁘시게 하는 모든 사람에게 평화.

15-18 천사 합창대가 하늘로 물러가자, 목자들이 서로 의논

했다. "어서 베들레헴으로 가서, 하나님이 우리에게 계시해 주신 것을 우리 눈으로 직접 보자." 그들은 그곳을 떠나 한 달음에 달려가서, 마리아와 요셉과 구유에 누워 있는 아기를 찾아냈다. 목자들은 두 눈으로 직접 보고 믿었다. 그들은 만나는 모든 사람에게 천사들이 그 아기에 대해 해준 말을 전했다. 목자들의 이야기를 들은 사람들은 모두 깊은 감동을 받았다.

19-20 마리아는 이 모든 것을 마음 깊이 간직해 두었다. 목자들은 보고 들은 모든 것으로 인해 하나님께 영광과 찬송을 돌려 드리며, 벅찬 가슴으로 돌아갔다. 정확히 자기들이 들은 그대로 되었던 것이다.

아기 예수의 정결예식

21 여드레째에 할례를 행할 날이 되어, 아기의 이름을 예수라고 지었다. 이는 아기가 잉태되기 전에 천사가 전해 준 이름이었다.

22-24 모세의 규정에 따라 정결예식을 치를 날이 되자, 마리아와 요셉은 아기를 데리고 예루살렘으로 올라갔다. "어머니의 태에서 처음 난 남자는 누구나 하나님께 거룩한 제물이 되어야 한다"고 규정한 하나님의 율법에 따라, 아기를 하나님께 바치려는 것이었다. 또한 하나님의 율법에 정한 대로 "산비둘기 한 쌍이나 집비둘기 새끼 두 마리"를 희생 제물로 드리려는 것이었다.

25-32 당시 예루살렘에 시므온이라는 사람이 있었는데, 그는 이스라엘이 구원받기를 바라고 기도하며 살아온 선한 사람이었다. 성령께서 그 사람 위에 머물러 계셨다. 일찍이 성령께서 그가 죽기 전에 하나님의 메시아를 볼 것이라고 그에게 일러 주셨다. 시므온은 성령께 이끌려 성전으로 들어갔다. 마침, 아기 예수의 부모가 율법에 규정한 예식을 행하려고 아기를 데려왔다. 시므온은 아기를 품에 안고 하나님을 찬양했다.

하나님, 이제 이 종을 놓아주시되
약속하신 대로 저를 평안히 놓아주셨습니다.
제 눈으로 주님의 구원을 보았고,
모든 사람이 볼 수 있도록 밝히 드러났습니다.
이는 이방 나라들에 하나님을 계시하는 빛이요,
주님의 백성 이스라엘에게는 영광입니다.

33-35 예수의 부모는 이 말에 놀라서 아무 말도 하지 못했다. 시므온이 그들을 축복하면서, 어머니 마리아에게 말했다.

이 아기는 이스라엘 가운데
많은 사람들의 실패와 회복의 표이자
오해와 반대를 받을 인물,
당신의 마음을 칼로 찌를 고통입니다.

그러나 그 거부는 오히려 그들의 가면을 벗겨 내어,
마침내 하나님께서 그들의 실체를 드러내실 것입니다.

³⁶⁻³⁸ 아셀 지파 바누엘의 딸인 예언자 안나도 거기에 있었
다. 안나는 나이가 아주 많았다. 그녀는 결혼하고 칠 년 만
에 혼자된 이후로 여든네 살이 되도록 과부로 살았다. 안나
는 성전 경내를 떠나지 않고, 금식하고 기도하며 밤낮으로
하나님께 예배를 드렸다. 시므온이 기도하고 있는 바로 그
때에, 안나가 나타나 하나님께 찬송을 드리면서, 예루살렘
의 해방을 간절히 기다리는 모든 사람에게 이 아기에 대해
이야기해 주었다.

³⁹⁻⁴⁰ 마리아와 요셉은 하나님의 율법에 규정된 일을 다 마치
고, 갈릴리에 있는 자기 동네 나사렛으로 돌아왔다. 거기서
아이는 튼튼하고 지혜롭게 자랐다. 하나님의 은혜가 그 아
이 위에 머물러 있었다.

성전에서 아이 예수를 찾다

⁴¹⁻⁴⁵ 해마다 유월절이 되면, 예수의 부모는 예루살렘으로 순
례길을 떠났다. 예수가 열두 살 되던 해에, 그들은 늘 하던
대로 유월절을 지키러 올라갔다. 절기가 끝나 집으로 돌아
갈 때에, 아이 예수는 예루살렘에 남아 있었지만 부모는 그
사실을 몰랐다. 그들은 순례자의 무리 어딘가에 아이가 있
겠거니 생각하고, 꼬박 하룻길을 가서야 친척과 이웃 가운

데서 아이 예수를 찾기 시작했다. 하지만 아이가 보이지 않
자, 그들은 아이를 찾으려고 예루살렘으로 되돌아갔다.

46-48 이튿날 예수의 부모는 성전에서 아이를 찾았다. 아이는
선생들 틈에 앉아서 그들이 하는 말을 듣기도 하고 질문하
기도 했다. 선생들은 아이의 예리한 답변에 감탄하며 다들
아이에게 사로잡혀 있었다. 그러나 부모는 감탄하지 않았
다. 그들은 화가 나서 마음이 상해 있었다.

어머니가 말했다. "얘야, 왜 이렇게 했느냐? 네 아버지와 내
가 너를 찾느라 정신이 없었다."

49-50 아이가 말했다. "왜 저를 찾으셨습니까? 제가 여기 있
으면서, 제 아버지의 일을 해야 할 줄을 모르셨습니까?" 그
러나 부모는 아이가 무슨 말을 하는지 깨닫지 못했다.

51-52 아이는 부모와 함께 나사렛으로 돌아와, 부모에게 순종
하며 살았다. 아이의 어머니는 이 일을 마음 깊이 간직해 두
었다. 예수는 하나님과 사람들의 축복을 받으며, 몸과 마음
이 자라며 장성해 갔다.

삶을 고치는 세례

3 1-6 디베료 황제가 다스린 지 십오 년째 되는 해, 곧
본디오 빌라도가 유대 총독으로 있고, 헤롯이 갈릴
리를 다스리고, 그 동생 빌립이 이두래와 드라고닛을 다스
리고, 루사니아가 아빌레네를 다스리고, 안나스와 가야바
가 대제사장으로 있을 때에, 사가랴의 아들 요한이 광야에

있다가 하나님의 **메시지**를 받았다. 그는 요단 강 주변 지역을 두루 다니며, 삶을 고쳐 죄 용서를 받는 세례를 선포했다. 그것은 예언자 이사야의 글에 기록된 대로였다.

광야에서 외치는 소리여!
하나님 오심을 준비하여라!
길을 평탄하고 곧게 하여라!
패인 곳이 메워지고
솟은 곳이 평평해지며
우회로는 곧은 길이 되고
흙길은 포장될 것이다.
모든 사람이 거기서
하나님의 구원 행렬을 볼 것이다.

7-9 세례가 인기 있는 일이 되다 보니, 사람들이 무리 지어 세례를 받으러 나왔다. 요한은 그들에게 버럭 소리를 질렀다. "뱀의 자식들아! 이 강가에 슬그머니 내려와서 무엇을 하는 거냐? 너희의 뱀가죽에 물을 좀 묻힌다고 하나님의 심판을 비켜갈 것 같으냐? 바꿔야 할 것은, 너희 겉가죽이 아니라 너희 삶이다! 아브라함을 조상으로 내세우면 다 통할 것이라고 생각하지 마라. 아브라함의 자손인 것과는 아무 상관도 없는 일이다. 흔해 빠진 것이 아브라함의 자손이다. 하나님께서 원하시면 돌들로도 아브라함의 자손을 만드실

수 있다. 중요한 것은 너희 삶이다. 너희 삶은 푸르게 꽃피고 있느냐? 말라죽은 가지라면 땔감이 되고 말 것이다."

10 무리가 요한에게 물었다. "그러면 우리가 어떻게 해야 합니까?"

11 요한이 말했다. "옷이 두 벌 있거든 한 벌은 나누어 주어라. 음식도 똑같이 그렇게 하여라."

12 세금 징수원들도 세례를 받으러 와서 말했다. "선생님, 우리는 어떻게 해야 합니까?"

13 요한이 그들에게 말했다. "더 이상 착취하지 마라. 법에 정한 만큼만 세금을 거둬라."

14 군인들도 그에게 물었다. "우리는 어떻게 해야 합니까?" 요한이 그들에게 말했다. "억지로 **빼앗**거나 협박하지 마라. 너희가 받는 봉급으로 만족하여라."

15 어느새 사람들의 관심이 고조되고 있었다. 그들은 모두 '이 요한이 혹시 메시아가 아닐까?' 하고 궁금해 하기 시작했다.

16-17 그러자 요한이 끼어들었다. "나는 이 강에서 세례를 주고 있다. 이 드라마의 주인공은 너희 안에 천국의 삶과 불과 성령을 발화시켜, 너희를 완전히 바꾸어 놓으실 것이다. 그분께 비하면 나는 잔심부름꾼에 지나지 않는다. 그분은 집을 깨끗이 하실 것이다. 너희 삶을 대대적으로 정리하실 것이다. 그분은 참된 것은 모두 하나님 앞 제자리에 두시고, 거짓된 것은 모두 끄집어내어 쓰레기와 함께 태워 버리실 것이다."

18-20 그 밖에도 많은 말을 들려주었는데, 사람들에게 힘이 되는 말, 용기를 북돋아 주는 말이었다. 메시지였다! 그러나 자기 동생 빌립의 아내 헤로디아의 일로 요한에게 책망을 받고 마음이 찔렸던 통치자 헤롯은, 자신의 수많은 악한 행동에 한 가지 악행을 더했다. 요한을 감옥에 가둔 것이다. 21-22 사람들이 모두 세례를 받은 뒤에 예수께서 세례를 받으셨다. 예수께서 기도하실 때에, 하늘이 열리고 성령이 비둘기같이 그분 위에 내려오셨다. 성령과 더불어 한 음성이 들려왔다. "너는 내가 사랑으로 선택하고 구별한 내 아들, 내 삶의 전부다."

아담의 아들, 하나님의 아들

23-38 예수께서 공생애를 시작하실 때 나이가 서른 살쯤 되셨다. 그분은 (사람들이 알기로는) 요셉의 아들이셨고,

> 요셉은 헬리의 아들
> 헬리는 맛닷의 아들
> 맛닷은 레위의 아들
> 레위는 멜기의 아들
> 멜기는 얀나의 아들
> 얀나는 요셉의 아들
> 요셉은 맛다디아의 아들
> 맛다디아는 아모스의 아들

아모스는 나훔의 아들
나훔은 에슬리의 아들
에슬리는 낙개의 아들
낙개는 마앗의 아들
마앗은 맛다디아의 아들
맛다디아는 서머인의 아들
서머인은 요섹의 아들
요섹은 요다의 아들
요다는 요아난의 아들
요아난은 레사의 아들
레사는 스룹바벨의 아들
스룹바벨은 스알디엘의 아들
스알디엘은 네리의 아들
네리는 멜기의 아들
멜기는 앗디의 아들
앗디는 고삼의 아들
고삼은 엘마담의 아들
엘마담은 에르의 아들
에르는 예수의 아들
예수는 엘리에서의 아들
엘리에서는 요림의 아들
요림은 맛닷의 아들
맛닷은 레위의 아들

레위는 시므온의 아들
시므온은 유다의 아들
유다는 요셉의 아들
요셉은 요남의 아들
요남은 엘리아김의 아들
엘리아김은 멜레아의 아들
멜레아는 멘나의 아들
멘나는 맛다다의 아들
맛다다는 나단의 아들
나단은 다윗의 아들
다윗은 이새의 아들
이새는 오벳의 아들
오벳은 보아스의 아들
보아스는 살몬의 아들
살몬은 나손의 아들
나손은 아미나답의 아들
아미나답은 아드민의 아들
아드민은 아니의 아들
아니는 헤스론의 아들
헤스론은 베레스의 아들
베레스는 유다의 아들
유다는 야곱의 아들
야곱은 이삭의 아들

이삭은 아브라함의 아들
아브라함은 데라의 아들
데라는 나홀의 아들
나홀은 스룩의 아들
스룩은 르우의 아들
르우는 벨렉의 아들
벨렉은 헤버의 아들
헤버는 살라의 아들
살라는 가이난의 아들
가이난은 아박삿의 아들
아박삿은 셈의 아들
셈은 노아의 아들
노아는 레멕의 아들
레멕은 므두셀라의 아들
므두셀라는 에녹의 아들
에녹은 야렛의 아들
야렛은 마할랄렐의 아들
마할랄렐은 가이난의 아들
가이난은 에노스의 아들
에노스는 셋의 아들
셋은 아담의 아들
아담은 하나님의 아들이었다.

마귀에게 시험 받으시다

4 1-2 예수께서 성령이 충만하여, 요단 강을 떠나 성령
께 이끌려 광야로 가셨다. 예수께서 광야에서 사십
일을 밤낮으로 마귀에게 시험을 받으셨다. 그동안 예수께서
아무것도 드시지 않았고, 그 기간이 다 되니 예수께서 배가
고프셨다.

3 마귀는 그분의 배고픔을 이용해 첫 번째 시험을 내놓았다.
"너는 하나님의 아들이니, 이 돌한테 명하여 빵 덩이가 되게
해보아라."

4 예수께서 신명기를 인용해 답하셨다. "사람이 빵으로만
사는 것이 아니다."

5-7 두 번째 시험으로, 마귀는 그분을 이끌고 높은 데로 올라
가서 지상의 모든 나라를 한꺼번에 펼쳐 보였다. 그런 다음
마귀가 말했다. "너를 즐겁게 해줄 이 모든 영광이 다 네 것
이다. 이 모든 것이 내 손에 있으니, 누구든지 내가 원하는 자
에게 넘겨줄 수 있다. 내게 경배하기만 하면 다 네 것이다."

8 예수께서 다시 한번 신명기 말씀으로 쐐기를 박으셨다.
"주 너의 하나님, 오직 그분만을 경배하여라. 일편단심으로
그분을 섬겨라."

9-11 세 번째 시험으로, 마귀는 그분을 예루살렘으로 데려가
서 성전 꼭대기에 세워 놓고 말했다. "네가 하나님의 아들이
면 뛰어내려 보아라. '그분께서 천사들을 시켜 너를 보호하
고 지키게 하셨다. 천사들이 너를 받아서 발가락 하나 돌에

채이지 않게 할 것이다'라고 성경에 기록되지 않았느냐?"
¹² 예수께서 대답하셨다. "그렇다. 하지만 '주 너의 하나님을 시험하지 말라'고도 기록되어 있다."
¹³ 그것으로 시험이 끝났다. 마귀는 잠시 물러갔고, 숨어서 다음 기회를 노렸다.

눌린 사람들을 자유케 하시다

¹⁴⁻¹⁵ 예수께서 성령의 능력을 입고 갈릴리로 돌아오셨다. 예수께서 오셨다는 소식이 그 지방에 두루 퍼졌다. 예수께서 회당에서 가르치시자, 모든 사람이 환호하고 즐거워했다.
¹⁶⁻²¹ 예수께서 자기가 자란 동네인 나사렛에 가셨다. 안식일에 그분은 늘 하시던 대로 회당으로 가셨다. 예수께서 성경을 낭독하려고 서시자, 누군가가 그분께 예언자 이사야의 두루마리를 건넸다. 예수께서 두루마리를 펴서, 다음과 같이 기록된 곳을 찾으셨다.

하나님의 영이 내게 임하시니
그가 나를 택하여,
가난한 이들에게 복된 소식의 **메시지**를 전하게 하셨다.
나를 보내셔서, 감옥에 갇힌 이들에게 사면을,
눈먼 이들에게 다시 보게 됨을 선포하고,
눌리고 지친 이들을 자유케 하여,
"지금은 하나님이 일하시는 해!"라고 선포하게 하셨다.

예수께서 두루마리를 말아 그 맡은 사람에게 돌려주시고, 자리에 앉으셨다. 회당 안의 시선이 일제히 그분께 모아졌다. 그러자 예수께서 이렇게 말문을 여셨다. "방금 너희가 들은 성경 말씀이 역사가 되었다. 이 성경 말씀이 바로 지금, 이 자리에서 이루어졌다."

22 예수께서 어찌나 말씀을 잘하시는지, 보고 듣던 사람들이 모두 놀랐다. 그러나 한편으로는 이렇게 말했다. "이 사람은 우리가 어려서부터 알던 요셉의 아들이 아닌가?"

23-27 예수께서 대답하셨다. "너희는 '의사야, 가서 네 병이나 고쳐라' 하는 속담을 인용해서 '네가 가버나움에서 한 일이 있다던데, 그것을 여기 네 고향에서도 해보아라' 할 것이다. 하지만 내가 너희에게 해줄 말이 있다. 예언자는 자기 고향에서 환영받지 못하는 법이다. 엘리야 시대에 삼 년 반 동안 가뭄이 들어 기근으로 땅이 황폐해졌을 때에 이스라엘에 과부가 많았으나, 시돈의 사렙다에 사는 과부에게만 엘리야가 보냄을 받지 않았느냐? 또 예언자 엘리사 시대에 이스라엘에 나병환자가 많았으나, 깨끗함을 받은 사람은 시리아 사람 나아만뿐이었다."

28-30 회당 안에 있던 사람들 모두가 그 말에 화가 났다. 그들은 예수를 내몰아 동네 밖으로 쫓아낸 다음, 동네 끝에 있는 벼랑으로 끌고 가서 그를 밀쳐 죽이려고 했다. 그러나 예수께서 그들에게서 벗어나 자기 길을 가셨다.

31-32 예수께서 갈릴리의 한 마을 가버나움으로 내려가셔서,

안식일에 사람들을 가르치셨다. 그들이 놀라며 감동을 받았
다. 그분의 가르침은 그들이 늘 듣던 모호한 궤변이나 인용
문과는 달리, 아주 솔직하고 확신에 차서 권위가 있었다.

33-34 그날 회당에 귀신 들려 고통당하는 사람이 있었다. 그
가 소리를 질렀다. "아! 나사렛 사람 예수여! 무슨 일로 우
리한테 왔습니까? 나는 당신이 무슨 일을 하려는지 압니
다. 당신은 하나님의 거룩한 분이시며, 우리를 멸하러 왔습
니다!"

35 예수께서 그의 입을 막으셨다. "조용히 하고, 그에게서
나오너라!" 귀신은 모든 사람이 보는 앞에서 그 사람을 쓰
러뜨리고 떠나갔다. 귀신은 그 사람에게 상처는 입히지 않
았다.

36-37 그러자 모든 사람이 크게 놀라서, 서로 수군거렸다.
"이게 어찌 된 일인가? 이 사람은 말한 대로 이루어지게 하
는 사람인가? 이 사람이 나가라고 명령하면 귀신도 떠나는
가?" 마을 전체가 온통 예수 이야기뿐이었다.

병든 사람들을 고쳐 주시다

38-39 예수께서 회당을 떠나 시몬의 집으로 가셨다. 시몬의
장모가 고열에 시달리고 있었다. 사람들이 예수께 그녀를
위해 뭔가를 해주시기를 구했다. 예수께서 곁에서 지켜보시
다가, 열병이 떠나라고 명령하자 열병이 떠났다. 그 장모가
곧 일어나 일행의 저녁을 준비했다.

⁴⁰⁻⁴¹ 해가 저물자, 사람들이 여러 병을 앓고 있는 사람들을
예수께 데리고 왔다. 예수께서는 한 사람 한 사람에게 손을
얹어 고쳐 주셨다. 귀신들이 떼를 지어 떠나가며 소리를 질
렀다. "하나님의 아들이여! 당신은 하나님의 아들입니다!"
귀신들이 그분이 메시아임을 훤히 알고 있었으므로, 예수께
서는 그들의 입을 막아 한 마디도 하지 못하게 하셨다.

⁴²⁻⁴⁴ 이튿날, 예수께서 한적한 곳으로 가셨다. 그러나 무리
가 찾아 나섰고, 그분을 만나자 떠나가지 못하게 그분께 매
달렸다. 예수께서 그들에게 말씀하셨다. "내가 다른 마을들
에서도 하나님 나라의 **메시지**를 전해야 한다. 바로 그 일을
하라고 하나님께서 나를 보내셨다. 너희는 그것을 알지 못
하느냐?" 예수께서는 갈릴리 여러 회당에서 계속해서 말씀
을 전하셨다.

깊은 물로 나가서 그물을 내려라

5 ¹⁻³ 한번은 예수께서 게네사렛 호숫가에 서 있는데,
무리가 하나님의 말씀을 더 잘 들으려고 그분께로 몰
려들었다. 예수께서 배 두 척이 묶여 있는 것을 보셨다. 어
부들이 막 배에서 내려 그물을 씻고 있었다. 예수께서 시몬
의 배에 올라타셔서, 배를 해안에서 조금 떨어지게 띄우라
고 부탁하셨다. 예수께서 그 배에 앉으셔서, 배를 설교단 삼
아 무리를 가르치셨다.

⁴ 가르치기를 마치시고 나서, 예수께서 시몬에게 말씀하셨

다. "깊은 물로 나가서 그물을 내려 고기를 잡아라."

5-7 시몬이 말했다. "주님, 우리가 밤새도록 열심히 고기를 잡았지만 피라미 한 마리 잡지 못했습니다. 하지만 주님께서 그렇게 말씀하시니, 그물을 내리겠습니다." 말을 마치자마자, 그물에 더 이상 담을 수 없을 정도로 많은 고기가 가득 잡혔다. 그들은 다른 배에 있는 동료들에게, 와서 도와 달라고 손짓했다. 두 배에 고기가 가득 차서, 배가 가라앉을 지경이었다.

8-10 이것을 본 시몬 베드로가 예수 앞에 무릎을 꿇었다. "주님, 떠나 주십시오. 저는 죄인이어서 이 거룩함을 감당할 수 없습니다. 저를 내버려 두십시오." 잡은 고기를 끌어올리자, 시몬과 그 곁에 있던 사람들이 모두 두려움에 사로잡혔다. 시몬의 동료인 세베대의 두 아들 야고보와 요한도 마찬가지였다.

10-11 예수께서 시몬에게 말씀하셨다. "두려워할 것 없다. 이제부터 너는 사람을 낚게 될 것이다." 그들은 배를 해안으로 끌어올린 뒤에, 그물과 모든 것을 배와 함께 버려두고 그분을 따라갔다.

변화된 삶으로 초청하시다

12 어느 마을에 온몸에 나병이 걸린 사람이 있었다. 그가 예수를 보고 그분 앞에 엎드려 간청했다. "원하시면 저를 깨끗하게 하실 수 있습니다."

¹³ 예수께서 손을 내밀어 그에게 대시며 말씀하셨다. "내가 원한다. 깨끗하게 되어라." 그러자 즉시 그의 살갗이 보드라워지고, 나병이 깨끗이 사라졌다.

¹⁴⁻¹⁶ 예수께서 그에게 말씀하셨다. "온 동네에 말하고 다니지 마라. 모세가 명한 대로, 예물을 가지고 제사장에게 가서 네 나은 몸을 조용히 보여라. 네 말이 아니라, 깨끗해져서 순종하는 네 삶이 내가 한 일을 증거할 것이다." 그러나 그 사람은 그 일을 자기 혼자에게만 담아 둘 수 없었다. 소문이 곧 퍼져 나갔다. 어느새 큰 무리가 말씀도 듣고 병도 고치려고 모여들었다. 예수께서는 할 수 있는 한 자주 외딴 곳으로 물러나 기도하셨다.

¹⁷ 하루는 예수께서 가르치시는데, 바리새인과 종교 교사들이 둘러앉아 있었다. 그들은 갈릴리와 유대의 모든 마을과, 멀리 예루살렘에서 온 사람들이었다. 하나님의 치유 능력이 예수께 임했다.

¹⁸⁻²⁰ 사람들이 중풍병자 한 사람을 들것에 실어서 데려왔다. 그들은 집 안으로 들어가 예수 앞에 그를 데려다 놓을 방법을 찾고 있었다. 무리 때문에 길을 찾을 수 없자, 그들은 지붕으로 올라가 기왓장을 뜯어 내고 무리 가운데 계신 예수 바로 앞에 그 사람을 달아 내렸다. 그들의 담대한 믿음에 감동하신 예수께서 말씀하셨다. "친구여, 내가 네 죄를 용서한다."

²¹ 그러자 종교 학자와 바리새인들이 웅성대기 시작했다.

"저 사람은 자기를 누구라고 생각하는 것인가? 저것은 신성
모독이다! 오직 하나님만이 죄를 용서하실 수 있다."

²²⁻²⁶ 예수께서 그들의 생각을 정확히 아시고 말씀하셨다.
"왜 이리 수군수군 말이 많으냐? '내가 네 죄를 용서한다'고
말하는 것과 '일어나 걸어가라'고 말하는 것 중에 어느 쪽이
더 쉽겠느냐? 내가 인자인 것과, 내가 어느 쪽이든 행할 권
한이 있다는 것을 분명히 보여주겠다." 예수께서 중풍병자
에게 직접 말씀하셨다. "일어나거라. 네 자리를 들고 집으
로 가거라." 그 사람은 한순간도 지체하지 않고 그대로 했
다. 일어나 담요를 들고서, 하나님께 영광을 돌리며 집으로
갔다. 사람들은 도무지 믿기지 않아 자신들의 눈을 비볐다.
그리고 나서 그들도 하나님께 영광을 돌렸다. 그들이 두려
움에 차서 말했다. "우리 평생에 이런 일은 처음 본다!"

²⁷⁻²⁸ 이 일 후에 예수께서 밖으로 나가서, 레위라는 사람이
자기 일터에서 세금을 걷고 있는 것을 보셨다. 예수께서 말
씀하셨다. "나와 함께 가자." 그는 예수를 따라갔다. 모든
것을 버려두고 그분과 동행한 것이다.

²⁹⁻³⁰ 레위는 예수를 위해 자기 집에서 성대한 저녁식사를 베
풀었다. 세금 징수원들과 그 밖에도 평판이 좋지 않은 인물
들이 저녁식사 손님으로 와 있었다. 바리새인과 종교 학자
들이 속이 잔뜩 뒤틀려서 그분의 제자들에게 다가왔다. "당
신네 선생이 사기꾼과 죄인들과 함께 먹고 마시다니, 이게
대체 어찌 된 일이오?"

31-32 예수께서 그 말을 들으시고 분명하게 말씀하셨다. "의사가 필요한 사람이 누구냐? 건강한 사람이냐, 병든 사람이냐? 내가 여기 있는 것은, 영향력 있는 사람이 아니라, 소외된 사람을 초청하려는 것이다. 변화된 삶, 곧 안과 밖이 모두 변화된 삶으로 그들을 초청하려는 것이다."

33 그들이 예수께 물었다. "요한의 제자들은 금식하고 기도하는 것으로 잘 알려져 있습니다. 바리새인들도 그렇습니다. 그런데 당신은 잔치에서 보내는 시간이 대부분인 것 같은데, 어찌 된 일입니까?"

34-35 예수께서 말씀하셨다. "즐거운 결혼식 중에는 빵과 포도주를 아끼지 않고 실컷 먹는다. 나중에 허리띠를 졸라맬 일이 있을지 모르지만, 지금은 아니다. 신랑신부와 함께 있는 동안에는 즐겁게 보내는 법이다. 금식은 신랑이 가고 없을 때 시작해도 된다. 정겨운 축하의 모닥불에 찬물을 끼얹는 사람은 없다. 하나님 나라가 임한다는 것은 바로 이런 것이다!

36-39 멀쩡한 스카프를 잘라서 낡은 작업복에 대고 깁는 사람은 없다. 서로 어울리는 천을 찾게 마련이다. 낡고 금이 간 병에는 포도주를 담지 않는 법이다. 새로 담근 포도주는 단단하고 깨끗한 병에 담는다. 그리고 잘 묵은 고급 포도주를 맛본 사람은 덜 묵은 포도주를 찾지 않는다."

안식일의 주인

6 ¹⁻² 어느 안식일에 예수께서 곡식이 무르익은 밭 사이를 걷고 계셨다. 제자들이 곡식 이삭을 따서, 손으로 껍질을 벗겨 먹었다. 몇몇 바리새인들이 말했다. "당신들은 어찌하여 안식일 규정을 어기고 이런 일을 하는 거요?"

³⁻⁴ 예수께서 제자들 편에 서셨다. "너희는 다윗과 그 동료들이 배고플 때에 한 일을 읽어 보지 못했느냐? 그가 성소에 들어가서, 제사장들 외에는 아무도 먹지 못하게 되어 있는, 제단에서 갓 물려낸 빵을 먹지 않았느냐? 그는 그 빵을 자기 동료들에게도 주었다."

⁵ 예수께서 말씀하셨다. "인자는 안식일의 종이 아니라 주인이다."

⁶⁻⁸ 또 다른 안식일에 예수께서 회당에 들어가 가르치셨다. 거기에 한쪽 손이 오그라든 사람이 있었다. 종교 학자와 바리새인들은 혹시나 안식일 위반으로 예수를 잡을까 하여, 그 사람을 고쳐 주나 보려고 그분을 주시했다. 예수께서 그들의 속셈을 아시고 손이 오그라든 사람에게 말씀하셨다. "일어나서 여기 우리 앞에 서거라." 그가 일어나 섰다.

⁹ 예수께서 그들에게 말씀하셨다. "너희에게 묻겠다. 어떤 행동이 안식일에 가장 합당하냐? 선을 행하는 것이냐, 악을 행하는 것이냐? 사람을 돕는 것이냐, 무력한 상태로 버려두는 것이냐?"

¹⁰⁻¹¹ 예수께서 그들을 둘러보시며, 각 사람의 눈을 쳐다보셨

다. 그러고는 그 사람에게 말씀하셨다. "네 손을 내밀어라." 그가 손을 내밀자, 그 손이 새 손과 같이 되었다! 그들은 화가 잔뜩 나서, 어떻게 하면 예수께 보복할 수 있을지를 모의하기 시작했다.

열두 사도를 임명하시다

12-16 그 즈음에 예수께서 기도하러 산에 올라가셔서, 밤새도록 하나님 앞에 기도하셨다. 이튿날 예수께서 제자들을 부르시고, 그들 가운데서 다음 열두 명을 정하셔서 사도로 임명하셨다.

예수께서 베드로라는 이름을 지어 주신 시몬
그의 동생 안드레
야고보
요한
빌립
바돌로매
마태
도마
알패오의 아들 야고보
열심당원이라 하는 시몬
야고보의 아들 유다
그분을 배반한 가룟 유다.

너희는 복이 있다

17-21 예수께서 그들과 함께 산에서 내려와 평지에 서시자,
제자들이 그분 주위에 둘러섰고, 곧이어 유대와 예루살렘과
심지어 해안 지방인 두로와 시돈에서 온 큰 무리도 모여들
었다. 그들은 그분께 말씀도 듣고 병도 고치려고 온 것이었
다. 악한 귀신에 시달리던 사람들이 고침을 받았다. 모든 사
람이 예수께 손을 대려고 했다. 예수에게서 아주 강한 능력
이 나와서, 수많은 사람들이 나았기 때문이다! 예수께서 이
렇게 말씀하셨다.

모든 것을 다 잃은 너희는 복이 있다.
그때에야 너희는 하나님 나라를 찾게 될 것이다.

굶주림에 지친 너희는 복이 있다.
그때에야 너희는 메시아의 음식을 먹을 준비가 된 것이다.

하염없이 눈물 흘리는 너희는 복이 있다.
아침이 되면 기쁨을 맞게 될 것이다.

22-23 "누군가 너희를 깎아내리거나 내쫓을 때마다, 누군가
내 평판을 떨어뜨리려고 너희 이름을 더럽히거나 비방할 때
마다, 너희는 복을 받은 줄 알아라. 그들이 그렇게 하는 이
유는, 진리가 너무 가까이 있어서 그들이 불편을 느끼기 때

문이다. 그런 일이 일어날 때 너희는 기뻐해도 좋다. 아예 어린양처럼 뛰어놀아도 좋다! 그들은 싫어하겠지만, 나는 좋아하니 말이다! 온 천국이 박수를 보낼 것이다. 또한 너희만 그런 일을 당한 것이 아님을 알아라. 내 설교자와 증인들은 언제나 그런 대우를 받았다."

너희 삶을 거저 주어라

²⁴ 그러나 너희가 다 갖춘 줄로 생각하면 화가 있다.
너희 가진 것에서 더 얻을 것이 없을 것이다.

²⁵ 자기 자신으로 만족하면 화가 있다.
너희 자아는 오랜 만족을 주지 못할 것이다.

삶이 온통 재미와 놀이인 줄 알면 화가 있다.
고난이 기다리고 있고, 그 고난이 너희에게도 닥칠 것이다.

²⁶ "다른 사람을 치켜세우는 말과 비위를 맞추는 행동으로, 사람에게 인정을 받으려고 하면 화가 있다. 사람의 인정을 받는다고 해서 진리의 편에 있는 것은 아니다. 얼마나 많은 악당 설교자들이 너희 조상의 인정을 받았는지 생각해 보아라! 너희가 할 일은, 진실하게 사는 것이지 인기를 얻는 것이 아니다.

²⁷⁻³⁰ 진실을 맞아들일 준비가 된 너희에게 내가 말한다. 너

희 원수를 사랑하여라. 원수가 어떻게 하든지, 너희는 최선
의 모습을 보여라. 누가 너희를 힘들게 하거든, 그 사람을
위해 기도하여라. 누가 네 빰을 치거든, 그 자리에 서서 맞
아라. 누가 네 셔츠를 움켜쥐거든, 네 가장 좋은 외투까지
잘 포장해 선물로 주어라. 누가 너를 억울하게 이용하거든,
종의 삶을 연습하는 기회로 삼아라. 똑같이 갚아 주는 것은
이제 그만하여라. 너그럽게 살아라.

31-34 여기, 간단하고 유용한 행동 지침이 있다. 사람들이 너
희에게 무엇을 해주면 좋겠는지 자문해 보아라. 그리고 너
희가 먼저 그들에게 그것을 해주어라. 너희가 사랑할 만한
사람만 사랑하면 칭찬을 바랄 수 있겠느냐? 그것은 죄인도
늘 하는 일이다. 너희가 너희를 돕는 사람만 돕는다면 상급
을 바랄 수 있겠느냐? 그것은 죄인도 흔히 하는 일이다. 너
희가 받을 것을 바라고 베푼다면 그것을 베풂이라 할 수 있
겠느냐? 아주 인색한 전당포 주인도 그 정도는 한다.

35-36 내가 너희에게 말한다. 너희 원수를 사랑하여라. 보상
을 바라지 말고 돕고 베풀어라. 내가 장담한다. 절대로 후회
하는 일은 없을 것이다. 우리가 최악의 상태에 있을 때에도
하나님께서 우리를 향해 너그럽고 인자하신 것처럼, 너희도
하나님이 주신 너희 신분에 합당하게 살아라. 우리 아버지
께서 친절하시니, 너희도 친절하여라.

37-38 사람들의 흠을 들추어내거나, 실패를 꼬집거나, 잘못을
비난하지 마라. 너희도 똑같은 대우를 받고 싶지 않거든 말

이다. 의기소침해 있는 사람을 정죄하지 마라. 그 가혹한 태
도는 부메랑이 되어 너희에게 되돌아올 것이다. 사람들을
너그럽게 대하여라. 그러면 삶이 한결 여유로워질 것이다.
너희 삶을 거저 주어라. 그러면 삶을 돌려받게 될 것이다.
돌려받는 정도가 아니라 축복까지 덤으로 받게 될 것이다.
받는 것보다 주는 것이 더 낫다. 베풂은 베풂을 낳는다."

39-40 예수께서 속담을 들어 말씀하셨다. "'눈먼 사람이 눈먼
사람을 인도할 수 있느냐?' 둘 다 구덩이에 빠지지 않겠느
냐? 제자가 스승을 가르칠 수 없는 법이다. 핵심은, 너희가
누구를 선생으로 모시고 따를지 신중히 선택하라는 말이다.

41-42 네 이웃의 얼굴에 묻은 얼룩은 보면서, 자칫 네 얼굴의
추한 비웃음은 그냥 지나치기 쉽다. 네 얼굴이 멸시로 일그
러져 있는데, 어떻게 뻔뻔스럽게 '내가 네 얼굴을 씻어 주겠
다'고 말하겠느냐? 이는 '내가 너보다 잘 안다'는 사고방식
이며, 자기 몫을 살기보다는 남보다 거룩한 척 연기를 하는
것이다. 네 얼굴의 추한 비웃음부터 닦아 내라. 그러면 네
이웃에게 수건을 건네줄 만한 사람이 될지도 모른다."

말씀을 삶으로 실천하여라

43-45 "건강한 나무에서 벌레 먹은 사과를 딸 수 없고, 병든
나무에서 좋은 사과를 딸 수 없다. 사과의 건강을 보면 나무
의 건강을 알 수 있다. 먼저 너희는 생명을 주는 삶에서부터
시작해야 한다. 중요한 것은, 너희 말과 행동이 아니라 너희

됨됨이다. 참된 말과 행동은 너희의 참된 존재에서 흘러넘
치는 것이다.

46-47 너희는 내게 예의를 갖춰 '예, 선생님', '옳습니다, 선
생님' 하면서도, 어째서 내가 명하는 것은 하나도 행하지
않느냐? 내가 너희에게 하는 이 말은, 너희 삶에 덧붙이는
장식이나 너희 생활수준을 높여 주는 리모델링 같은 것이
아니다. 내 말은 주춧돌과도 같아서, 너희는 내 말 위에
인생을 지어야 한다.

48-49 너희가 내 말을 너희 삶으로 실천하면, 너희는 땅을 깊
이 파서 반석 위에 집의 기초를 놓은 현명한 목수와 같다.
강둑이 터져 강물이 들이쳐도 그 집은 꿈쩍도 하지 않는다.
오래가도록 지어진 집이기 때문이다. 그러나 너희가 내 말
을 성경공부 때만 사용하고 삶으로 실천하지 않으면, 너희
는 주춧돌을 생략하고 집을 지은 미련한 목수와 같다. 강물
이 불어 집에 들이치자, 그 집은 맥없이 무너지고 말았다.
완전히 유실되고 말았다."

자기 백성의 필요를 돌보아 주신다!

7 1-5 예수께서 사람들에게 말씀을 마치시고, 가버나움
으로 가셨다. 그곳에 있는 어떤 로마군 지휘관의 종
이 죽어가고 있었다. 지휘관은 그 종을 무척 귀히 여겼으므
로 그를 잃고 싶지 않았다. 예수께서 돌아오셨다는 말을 들
은 지휘관은, 유대인 공동체 지도자들을 예수께 보내어, 오

셔서 자기 종을 고쳐 달라고 청했다. 그들은 예수께 가서 그
렇게 해주실 것을 간절히 구했다. "이 사람은 선생님께서 요
청을 들어주셔도 좋은 사람입니다. 그는 우리 민족을 사랑
하여 우리에게 회당까지 지어 주었습니다."

6-8 예수께서 그들과 함께 가셨다. 그 집에 도착하려면 아
직 한참을 더 가야 하는데, 지휘관이 보낸 친구들이 와서
예수께 말을 전했다. "주님, 이렇게 수고하실 것 없습니다.
주님이 아시듯이, 저는 그리 선한 사람이 못됩니다. 주님
이 저희 집에 오시면 제가 당황스럽고, 제가 주님 앞에 직
접 나서기도 그렇습니다. 그저 명령만 내리시면 저의 종이
낫겠습니다. 저도 명령을 받기도 하고 내리기도 하는 사람
입니다. 제가 한 병사에게 '가라'고 하면 가고, 다른 병사에
게 '오라'고 하면 옵니다. 그리고 저의 종에게 '이것을 하라'
고 하면 합니다."

9-10 예수께서 크게 놀라시며, 동행한 무리에게 말씀하셨다.
"하나님을 알고 그분이 일하시는 방식을 훤히 알아야 마땅
한 이스라엘 백성 중에서도, 이렇게 단순한 믿음은 아직 보
지 못했다." 말을 전하러 온 사람들이 집에 돌아가 보니, 종
이 다 나아 있었다.

11-15 얼마 후에, 예수께서 나인이라는 마을로 가셨다. 제자
들과 꽤 많은 무리가 그분과 함께 있었다. 그들이 마을 어귀
에 다다랐을 때 장례 행렬과 마주쳤다. 한 여자의 외아들을
묻으러 가는 행렬이었다. 죽은 아들의 어머니는 과부였다.

예수께서 그 여자를 보시고 가슴이 미어지셨다. 예수께서 그 여자에게 "울지 마라" 하고 말씀하셨다. 그러고는 가까이 다가가 관에 손을 대자, 관을 메고 가던 사람들이 걸음을 멈췄다. 예수께서 말씀하셨다. "청년아, 내가 네게 말한다. 일어나라." 그러자 죽었던 아들이 일어나 앉아 말을 하기 시작했다. 예수께서 그 아들을 어머니에게 돌려주셨다.

16-17 모든 사람은 자신들이 지금 거룩한 신비의 자리에 있으며, 하나님께서 그들 가운데서 일하고 계심을 깨닫고는 조용히 경배했다. 그러고는 떠들썩하게 감사하며, 서로 큰소리로 외쳤다. "하나님이 돌아오셔서, 자기 백성의 필요를 돌보아 주신다!" 예수의 소문이 온 지역에 두루 퍼졌다.

세례자 요한

18-19 요한의 제자들이 이 모든 일을 요한에게 알렸다. 요한은 제자 가운데 두 사람을 주님께 보내어 물었다. "우리가 기다려 온 분이 선생님이십니까, 아니면 아직도 기다려야 합니까?"

20 두 사람이 예수 앞에 와서 말했다. "세례자 요한이 우리를 선생님께 보내어 '우리가 기다려 온 분이 선생님이십니까, 아니면 아직도 기다려야 합니까?' 하고 물어보라고 했습니다."

21-23 예수께서는 몇 시간에 걸쳐, 질병과 고통과 악한 귀신으로 시달리는 많은 사람들을 고쳐 주시고, 눈먼 많은 사람들의 눈을 뜨게 해주셨다. "가서 방금 너희가 보고 들은 것

을 요한에게 알려라.

　눈먼 사람이 보고
　저는 사람이 걷고
　나병환자가 깨끗해지고
　귀먹은 사람이 듣고
　죽은 사람이 살아나며,
　이 땅의 불쌍한 사람들에게
　하나님의 환대와 구원이 베풀어지고 있다.

이것이 너희가 기대하던 것이냐? 그렇다면 너희야말로 복
된 줄 알아라!"
²⁴⁻²⁷요한이 보낸 사람들이 떠나자, 예수께서 요한에 대해 무
리에게 더 말씀하셨다. "그를 보러 광야로 나갈 때에 너희는
무엇을 기대했더냐? 주말을 쉬러 나온 사람이더냐? 아닐
것이다. 그럼 무엇이냐? 멋진 양복을 차려입은 교주더냐?
광야에서는 어림도 없다. 그럼 무엇이냐? 하나님의 메시지
를 전하는 사람이냐? 맞다, 하나님의 심부름꾼이다! 너희
평생에 최고의 하나님 심부름꾼일 것이다. 그는 예언자 말
라기가 말한 그 심부름꾼이다.

　내가 내 심부름꾼을 앞서 보내어
　네 길을 평탄하게 만들 것이다.

28-30 내가 너희에게 최대한 알기 쉽게 설명하겠다. 역사상 어느 누구도 세례자 요한보다 나은 사람은 없다. 그러나 그가 너희에게 준비시킨 천국에서는 가장 낮은 사람이라도 요한보다 앞선다. 요한의 말을 듣고 그에게 세례를 받아, 천국에 들어온 평범하고 평판이 좋은 않은 사람들이 가장 분명한 증거다. 바리새인과 종교 관리들은 그런 세례를 거들떠보지도 않았고, 자기보다 못한 사람들에게 자기 자리를 내줄 마음도 없었다.

31-35 이 세대 사람들을 어떻게 설명할 수 있을까? 그들은 '우리는 더 놀고 이야기하고 싶은데 엄마 아빠는 늘 피곤하고 바쁘다고 해요' 하고 불평을 늘어놓는 아이와 같다. 세례자 요한이 와서 금식하니 너희는 그가 미쳤다고 했다. 인자가 와서 실컷 먹으니 너희는 인자가 술고래라고 했다. 본래 여론조사는 믿을 만한 것이 못되지 않더냐? 음식 맛은 먹어 보아야 안다."

그분 발에 향유를 바른 여인

36-39 바리새인 가운데 한 사람이 예수를 식사에 초대했다. 예수께서 그 바리새인의 집에 가셔서 저녁식탁에 앉으셨다. 마침 그 동네에 창녀인 한 여자가 있었는데, 예수께서 바리새인의 집에 손님으로 와 계신다는 소식을 듣고는, 아주 값비싼 향유 한 병을 가지고 왔다. 그 여자는 그분의 발치에 서서 울며, 그분 발에 눈물을 쏟았다. 그리고 자기 머리카락

을 풀어 그분의 발을 닦고, 그 발에 입을 맞추고 향유를 발
랐다. 예수를 초대한 바리새인이 그것을 보고는, "이 사람이
만일 내가 생각한 대로 예언자라면, 자기의 비위를 맞추는
이 여자가 어떤 부류인지 알았을 텐데" 하고 혼잣말을 했다.
⁴⁰ 예수께서 그에게 말씀하셨다. "시몬아, 내가 너에게 할
말이 있다."

"말씀하십시오."

⁴¹⁻⁴² "두 사람이 은행가한테 빚을 졌다. 한 사람은 은화 오백
을 빚졌고, 다른 한 사람은 오십을 빚졌다. 그런데 두 사람
다 갚을 수 없는 처지인 것을 알고는, 은행가가 두 사람의
빚을 없는 것으로 해주었다. 그렇다면 두 사람 중에 누가 더
감사하겠느냐?"

⁴³⁻⁴⁷ 시몬이 대답했다. "그야 더 많이 탕감받은 사람이겠
지요."

"맞다." 예수께서 말씀하셨다. 그리고 여자 쪽을 바라보시
며 계속해서 시몬에게 말씀하셨다. "이 여자가 보이느냐?
내가 네 집에 왔을 때 너는 내게 발 씻을 물도 내주지 않았
으나, 이 여자는 내 발에 눈물을 쏟고 자기 머리카락으로 닦
았다. 너는 내게 인사도 하지 않았으나, 이 여자는 내가 도
착한 때부터 내 발에 입 맞추기를 그치지 않았다. 너는 기분
을 상쾌하게 할 만한 것 하나 내놓지 않았으나, 이 여자는
향유로 내 발의 피로를 덜어 주었다. 감동적이지 않느냐?
이 여자는 아주 많은 죄를 용서받았다. 그래서 많이 감사한

것이다. 용서가 적으면 감사도 적은 법이다."

⁴⁸ 그리고 나서 예수께서 여자에게 말씀하셨다. "내가 네 죄를 용서한다."

⁴⁹ 그러자 식탁에 있던 손님들이 그분이 듣지 않는 데서 말했다. "자기가 누구라고 죄를 용서한단 말인가!"

⁵⁰ 예수께서 그들을 무시하고 여자에게 말씀하셨다. "네 믿음이 너를 구원했다. 평안히 가거라."

8

¹⁻³ 예수께서 계획하신 대로, 마을마다 다니시며 하나님 나라를 전하시고, 메시지를 퍼뜨리셨다. 열두 제자가 그분과 함께했다. 일행 중에는 여러 악한 귀신의 괴롭힘과 질병에서 나은 여자들도 있었다. 일곱 귀신이 나간 막달라라 하는 마리아와 헤롯의 관리인 구사의 아내 요안나와 수산나가 있었고, 그 외에도 많은 여자들이 자신들의 재물을 넉넉히 들여서 일행을 섬겼다.

씨 뿌리는 농부 이야기

⁴⁻⁸ 그들이 이 마을 저 마을 다니는데, 많은 사람들이 합류해서 함께 다녔다. 예수께서 그들에게 이 이야기로 말씀하셨다. "농부가 밖에 나가서 씨를 뿌렸다. 더러는 길 위에 떨어져서, 발에 밟히고 새들이 먹어 버렸다. 다른 씨는 자갈밭에 떨어져서, 싹이 났으나 뿌리가 튼튼하지 못해 이내 시들

어 버렸다. 다른 씨는 잡초밭에 떨어져서, 씨와 함께 잡초가 자라 싹을 짓눌러 버렸다. 다른 씨는 비옥한 땅에 떨어져서, 풍작을 이루었다.

너희는 듣고 있느냐? 정말로 듣고 있느냐?"

⁹ 제자들이 물었다. "왜 이 이야기를 말씀해 주셨습니까?"

¹⁰ 예수께서 말씀하셨다. "너희에게는 하나님 나라를 아는 깨달음이 주어졌다. 너희는 하나님 나라가 어떻게 되어 가는지 안다. 다른 사람들에게는 이야기가 필요하다. 그러나 그들 가운데 일부는 이야기를 듣고도 깨닫지 못할 것이다.

    그들은 눈을 떴으나 하나도 보지 못하고
    귀가 열렸으나 하나도 듣지 못한다.

¹¹⁻¹² 이 이야기는 그런 사람들 가운데 일부에 관한 것이다. 씨는 하나님의 말씀이다. 길 위에 떨어진 씨는, 말씀을 듣지만 듣자마자 마귀가 그 말씀을 낚아채 가서, 믿어 구원을 얻지 못하는 사람이다.

¹³ 자갈밭에 떨어진 씨는, 열성적으로 듣지만 그 열성에 깊이가 없는 사람이다. 그 열성은 또 한번의 유행일 뿐, 어려움이 닥치는 순간에 사라져 버린다.

¹⁴ 잡초밭에 떨어진 씨는, 말씀을 듣지만 세상 사는 일로 내일을 염려하면서 돈 벌고 즐기느라, 씨가 자리 잡지 못해 아무 소득이 없는 사람이다.

¹⁵ 그러나 좋은 땅에 떨어진 씨는, 무슨 일이 있어도 말씀을 붙잡고 견디면서, 추수 때까지 변치 않는 선한 마음을 가진 사람이다."

들은 것을 전하지 않는 인색한 사람

¹⁶⁻¹⁸ "등불을 켜서 통으로 덮어 두거나 침대 밑에 두는 사람은 아무도 없다. 오히려 단 위에 올려 두어, 방에 들어오는 사람들이 앞을 볼 수 있도록 한다. 우리는 비밀을 감추어 두지 않고, 오히려 말할 것이다. 숨기지 않고, 오히려 모든 것을 밝히 드러낼 것이다. 그러니 너희는 들은 것을 전하지 않는 인색한 사람이 되지 않도록 조심하여라. 베풂은 베풂을 낳는다. 인색하면 가난해진다."

¹⁹⁻²⁰ 예수의 어머니와 형제들이 왔으나 무리 때문에 그분께 가까이 갈 수 없었다. 그분께 전갈이 왔다. "선생님의 어머니와 형제들이 선생님을 만나려고 밖에 서 있습니다."

²¹ 예수께서 대답하셨다. "하나님의 말씀을 듣고 행하는 사람이 나의 어머니요 나의 형제다. 순종이 피보다 진하다."

²²⁻²⁴ 하루는 예수와 제자들이 배에 올랐다. 예수께서 "호수를 건너가자"고 말씀하셨고, 그들은 떠났다. 항해는 순탄했다. 예수께서는 잠이 드셨다. 그런데 갑자기 호수에 사나운 풍랑이 몰아쳤다. 물이 들이쳐서 배가 뒤집힐 지경이었다. 제자들이 예수를 깨웠다. "주님, 주님, 우리가 빠져 죽겠습니다!" 예수께서 일어나셔서, 바람에게 "잠잠하여라!" 하시고, 파

도에게 "잔잔하여라!" 명령하셨다. 그러자 호수가 이전처럼
고요해졌다.

²⁵ 예수께서 제자들에게 말씀하셨다. "왜 나를 신뢰하지 못
하느냐?"

그들은 너무도 두려워서 어찌할 바를 모른 채, 겨우 입을 열
었다. "도대체 이분은 누구신가? 이분의 명령에 바람과 파
도도 복종하다니!"

거라사의 귀신 들린 사람

²⁶⁻²⁹ 그들은 배를 타고 갈릴리 바로 맞은편에 있는 거라사
사람들의 지방으로 갔다. 예수께서 뭍에 내리시자, 그 동네
사람 하나가 그분과 마주쳤다. 그는 귀신들에게 피해를 당
하며 살아왔는데, 오랫동안 옷도 입지 않고 집을 떠나 묘지
에서 살았다. 그가 예수를 보더니 소리를 지르고, 그분 앞에
엎드려 고함쳤다. "무슨 일로 내게 간섭합니까? 지극히 높
으신 하나님의 아들 예수여, 제발 나를 괴롭게 하지 마십시
오!" (그 사람이 이렇게 말한 것은, 예수께서 이미 더러운 귀신에
게 그 사람한테서 나오라고 명령하셨기 때문이었다.) 귀신이 여
러 번 그 사람에게 경련을 일으키게 했기 때문에, 사람들이
그를 사슬과 족쇄에 채워 늘 감시했지만, 귀신 때문에 미칠
때면 그는 그 결박을 끊어 버리곤 했다.

³⁰⁻³¹ 예수께서 그에게 물으셨다. "네 이름이 무엇이냐?"

"패거리입니다. 내 이름은 패거리입니다." 그가 이렇게 말

한 것은, 그가 많은 귀신들에 들렸기 때문이었다. 귀신들은 자기들을 지옥으로 보내지 말아 달라고 예수께 애원했다.

32-33 마침 근처 언덕에서 큰 돼지 떼가 땅을 파헤치며 먹을 것을 찾고 있었다. 귀신들은 자기들을 돼지들 속으로 들어가게 해달라고 예수께 애걸했다. 예수께서 그렇게 하라고 말씀하셨다. 그러나 돼지 떼의 형편은 그 사람의 형편보다 더 나빠졌다. 돼지들이 미쳐서 벼랑으로 우르르 몰려가더니, 호수에 빠져 죽은 것이다.

34-36 돼지를 치던 사람들이 혼비백산하여 도망쳐서, 시내와 마을에 그 이야기를 전했다. 사람들이 어찌 된 일인지 보려고 나왔다. 그들이 예수께 다가와서 보니, 귀신 들렸던 사내가 단정한 옷차림과 멀쩡한 정신으로 예수의 발 앞에 앉아 있었다. 거룩한 순간이었다. 잠시지만 그들에게 호기심보다 경외심이 앞섰다. 그때, 그 일을 처음부터 목격한 사람들이 귀신 들린 사람이 어떻게 구원받았는지 이야기해 주었다.

37-39 그 후에, 거라사 지방에서 온 많은 사람들이 예수께 그곳을 떠나 달라고 요청했다. 그들은 너무 엄청나고 갑작스러운 변화가 두려웠기 때문이다. 예수께서는 다시 배를 타고 떠나셨다. 귀신한테 놓인 사람이 자기도 함께 가게 해달라고 간청했으나, 예수께서는 그를 돌려보내며 말씀하셨다. "집으로 가서, 하나님께서 네게 행하신 일을 전부 말하여라." 그는 돌아가서, 예수께서 자기에게 행하신 모든 일을 온 동네에 전했다.

믿음의 모험

40-42 예수께서 오시자, 무리가 그분을 반겼다. 그들 모두가 거기서 예수를 기다리고 있었다. 그때 야이로라는 사람이 예수께 다가왔다. 회당장인 그는, 예수의 발 앞에 엎드려 자기 집에 가 주시기를 애원했다. 열두 살 난 그의 외동딸이 죽어가고 있었기 때문이다. 예수께서 밀고 당기는 무리를 헤치며 그와 함께 가셨다.

43-45 그날 무리 가운데 십이 년 동안 혈루증으로 고생한 여자가 있었다. 그 여자는 가지고 있던 돈을 의사한테 전부 썼으나 어느 누구도 그녀에게 도움이 되지 못했다. 여자는 뒤에서 슬그머니 다가가 예수의 옷자락을 만졌다. 그 순간에 출혈이 멈추었다. 예수께서 말씀하셨다. "누가 내게 손을 대었느냐?"

아무도 나서지 않자, 베드로가 말했다. "주님, 수많은 사람들이 우리를 에워싸고 있습니다. 손을 댄 사람이 수십 명은 될 것입니다!"

46 예수께서는 그냥 지나치지 않으셨다. "내게 손을 댄 사람이 있다. 내게서 능력이 빠져나간 것을 내가 안다."

47 더 이상 숨길 수 없게 된 여자는, 떨며 그분 앞에 무릎을 꿇었다. 여자는 자신이 왜 그분께 손을 댔으며, 그 순간 어떻게 병이 나았는지 사람들이 다 보는 앞에서 털어놓았다.

48 예수께서 말씀하셨다. "딸아, 너는 나를 신뢰하는 믿음의 모험을 했고, 이제 다 나아서 온전해졌다. 잘 살아라. 복되

게 살아라!"

⁴⁹ 예수께서 아직 말씀하시는 중에, 회당장의 집에서 사람이 와서 회당장에게 말했다. "따님이 죽었습니다. 이제 선생님을 괴롭게 해드릴 일이 없습니다."

⁵⁰⁻⁵¹ 예수께서 그 말을 들으시고 말씀하셨다. "당황하지 마라. 나만 신뢰하여라. 그러면 다 잘될 것이다." 집으로 들어가며, 예수께서는 베드로와 요한과 야고보 그리고 아이의 부모 외에는 아무도 들어오지 못하게 하셨다.

⁵²⁻⁵³ 사람들이 모두 아이 때문에 울며불며 슬퍼하고 있었다. 예수께서 말씀하셨다. "울지 마라. 이 아이는 죽은 것이 아니라 자고 있다." 사람들은 아이가 죽은 것을 알고 있었으므로, 그분을 비웃었다.

⁵⁴⁻⁵⁶ 예수께서 아이의 손을 붙잡고 외치셨다. "내 사랑하는 아이야, 일어나라." 아이는 곧바로 일어나서, 다시 숨을 쉬었다! 예수께서 아이에게 먹을 것을 주라고 말씀하셨다. 아이의 부모는 기뻐서 어쩔 줄 몰라했다. 예수께서는 이 일을 알리지 말라고 그들에게 엄히 명하셨다. "이 방에서 일어난 일을 아무에게도 말하지 마라."

열두 제자를 파송하시다

9 ¹⁻⁵ 예수께서 열두 제자를 부르셔서, 그들에게 모든 귀신을 다루고 병을 고치는 권세와 능력을 주셨다. 예수께서 하나님 나라의 소식을 전하고 병자를 고치는 일

을 제자들에게 맡기셨다. 예수께서 말씀하셨다. "잔뜩 준비
하지 마라. 간소하게 하여라. 너희 자신을 준비하여라. 고급
여관도 안된다. 적당한 곳을 찾아가 떠날 때까지 그곳으로
만족하여라. 사람들이 너희를 맞아들이지 않거든, 그 마을
을 떠나거라. 소란 피울 것 없다. 무시해 버리고 너희의 길
을 가면 된다."

6 제자들은 위임을 받고서 길을 나섰다. 그들은 이 마을 저
마을로 다니면서 하나님의 최신 소식, 곧 **메시지**를 전했
고, 가는 곳마다 사람들을 고쳐 주었다.

7-9 통치자 헤롯은, 이런 일들이 진행된다는 이야기를 듣고
서 어떻게 받아들여야 할지 몰랐다. 요한이 죽은 자들 가운
데서 살아났다고 말하는 사람들도 있고, 엘리야가 나타났다
고 말하는 사람들도 있고, 또 옛 예언자가 출현했다고 말하
는 사람들도 있었다. 헤롯은 말했다. "하지만 요한은 내가
목을 베어 죽였다. 그런데 계속해서 내 귀에 이야기가 들려
오는 이 사람은 누구냐?" 궁금한 마음에 헤롯은 예수가 활
동하는 모습을 볼 기회를 노렸다.

10-11 사도들이 돌아와서 자기들이 한 일을 보고했다. 예수께
서는 그들만 따로 데리고 벳새다 하는 마을 근처로 가셨
다. 그러나 무리가 눈치를 채고 따라왔다. 예수께서는 그들
을 너그럽게 맞아 주셨고, 하나님 나라에 대해 말씀해 주셨
다. 또한 치유가 필요한 사람들을 고쳐 주셨다.

너희가 먹을 것을 주어라

12 날이 저물자, 열두 제자가 말했다. "무리를 보내서, 근처 농가나 마을에서 하룻밤 묵을 곳과 먹을 것을 구하게 해야 겠습니다. 여기는 인적 없는 외딴 곳입니다."

13-14 "너희가 그들에게 먹을 것을 주어라." 예수께서 말씀하 셨다.

제자들이 말했다. "우리에게 있는 것을 다 긁어모았지만, 빵 다섯 개와 물고기 두 마리뿐입니다. 저희가 직접 읍내에 가서 모두가 먹을 만큼 음식을 사 오지 않는 한, 그것이 전 부입니다."(모인 사람의 수가 오천 명이 넘었다.)

14-17 예수께서 곧바로 제자들에게 말씀하셨다. "사람들을 오십여 명씩 무리 지어 앉게 하여라." 제자들은 말씀대로 했 고, 곧 모두가 자리에 앉았다. 예수께서 빵 다섯 개와 물고 기 두 마리를 손에 들고 하늘을 우러러 감사기도를 드리고 축복하신 다음, 빵과 물고기를 떼어, 제자들에게 주시며 사 람들에게 나눠 주게 하셨다. 사람들이 모두 배불리 먹고 나 서 남은 것을 거두니 열두 바구니가 되었다.

주님은 메시아이십니다

18 한번은 예수께서 따로 떨어져서 홀로 기도하시는데, 제 자들이 가까이에 있었다. 예수께서 물으셨다. "무리가 나에 대해 뭐라고 말하더냐? 나를 누구라고 하더냐?"

19 제자들이 말했다. "세례자 요한이라고 합니다. 엘리야라

고 하는 사람들도 있고, 옛 예언자 가운데 한 사람이 돌아왔
다고 하는 사람들도 있습니다."

20-21 그러자 예수께서 물으셨다. "그러면 너희는 나를 누구
라고 말하겠느냐? 내가 누구냐?"

베드로가 대답했다. "하나님의 메시아이십니다." 그러자 예
수께서 그것을 비밀로 하라고 제자들에게 경계하셨다. 베드
로가 한 말을 아무에게도 이야기하지 말라고 말씀하셨다.

22 예수께서 계속해서 말씀하셨다. "이제부터 인자는 처참
한 고난을 받고, 종교 지도자와 대제사장과 종교 학자들에
게 재판에서 유죄를 선고받아 죽임을 당하고, 사흘째 되는
날에 다시 살아나야 한다."

23-27 이어서 예수께서 그들에게 예상되는 일을 말씀해 주셨
다. "누구든지 나와 함께 가려면 내가 가는 길을 따라야 한
다. 결정은 내가 한다. 너희가 하는 것이 아니다. 고난을 피
해 달아나지 말고, 오히려 고난을 끌어안아라. 나를 따라오
너라. 그러면 내가 방법을 일러 주겠다. 자기 스스로 세우려
는 노력에는 아무 희망이 없다. 자기를 희생하는 것이야말
로 너희 자신, 곧 너희의 참된 자아를 찾는 길이며, 나의 길
이다. 원하는 것을 다 얻고도 참된 자기 자신을 잃으면 무슨
유익이 있겠느냐? 너희 가운데 누구든지 나와 너희를 인도
하는 내 방식을 부끄러워하면, 인자도 모든 영광에 싸여 아
버지와 거룩한 천사들과 함께 올 때, 그를 더 부끄럽게 여길
줄로 알아라. 이것은 믿을 수 없는 훗날의 이야기가 아니다.

잘 알아 두어라. 여기 서 있는 사람들 가운데 그런 일이 일
어나는 것을 볼 사람들도 있다. 그들은 자기 눈으로 하나님
나라를 볼 것이다."

영광 가운데 계신 예수

28-31 그 말씀을 하시고 여드레쯤 지나서, 예수께서 베드로와
요한과 야고보를 데리고 기도하러 산에 올라가셨다. 기도하
는 중에, 그분의 얼굴 모습이 변하고 그분의 옷이 눈부시게
하얘졌다. 동시에 두 사람이 거기서 예수와 이야기하고 있
었다. 알고 보니 그들은 모세와 엘리야였다. 그들의 모습이
몹시 영광스러웠다! 그들은 예수께서 예루살렘에서 이루실
일, 곧 그분의 떠나심에 대해 이야기를 나누었다.

32-33 한편, 베드로와 그 일행은 잠에 취해 있었다. 그들이 깨
어 눈을 비비며 보니, 예수께서 영광 가운데 계시고 그 곁에
두 사람이 서 있는 것이 보였다. 모세와 엘리야가 떠난 뒤에
베드로가 예수께 말했다. "주님, 지금은 중대한 순간입니
다! 기념비 셋을 세우는 것이 어떻겠습니까? 하나는 주님을
위해, 하나는 모세를 위해, 하나는 엘리야를 위해서 말입니
다." 이것은 베드로가 무심코 내뱉은 말이었다.

34-35 베드로가 이렇게 말을 하고 있는데, 빛처럼 환한 구름
이 그들을 덮었다. 구름 속에 묻히자, 그들은 하나님을 깊이
느끼게 되었다. 그때 구름 속에서 한 음성이 들려왔다. "이
는 내 아들, 내가 택한 자다! 그의 말을 들어라."

36 그 음성이 사라지자, 그곳에 예수만 홀로 계셨다. 그들은 한동안 할 말을 잃은 채로 있었다. 그들은 자기들이 본 것을, 그때에는 아무에게도 말하지 않았다.

37-40 이튿날 그들이 산에서 내려오니, 큰 무리가 그들을 맞이했다. 무리 가운데 한 사람이 외쳤다. "부탁입니다, 선생님. 제 아들 좀 봐 주십시오. 하나뿐인 제 자식입니다. 귀신이 아이를 사로잡을 때마다, 아이는 갑자기 비명을 지르고 경련을 일으키며 입에 거품을 뭅니다. 귀신은 아이를 때려서 검푸른 멍이 들게 해놓고서야 떠납니다. 제가 아이를 구해 달라고 선생님의 제자들에게 부탁했으나, 그들은 하지 못했습니다."

41 예수께서 말씀하셨다. "하나님도 모르고 삶에 중심도 없는 세대여! 내가 같은 말을 몇 번이나 해야 하느냐? 얼마나 더 참아야 하느냐? 네 아들을 이리 데려오너라."

42-43 아이가 나아오자, 귀신은 아이를 바닥에 내동댕이치고 경련을 일으키게 했다. 예수께서 더러운 귀신에게 나가라고 명하시고, 아이를 고쳐서 그 아버지에게 돌려주셨다. 사람들이 모두 고개를 끄덕이며, 하나님의 위대하심과 그분의 크신 위엄에 놀라워했다.

네 본분은 삶이지 죽음이 아니다

43-44 사람들이 둘러서서 그분이 하시는 모든 일을 보고 감탄하고 있는데, 예수께서 제자들에게 말씀하셨다. "이제 내가 하는 말 하나하나를 마음에 두고 곰곰이 되새겨 보아라. 인자는 사람들의 손에 넘어갈 것이다."

45 제자들은 예수께서 하시는 말씀을 알아듣지 못했다. 마치 예수께서 외국어로 말씀하셔서, 그들이 전혀 감을 잡지 못하는 것 같았다. 당황한 그들은 그 말씀이 무슨 뜻인지 예수께 묻지도 못했다.

46-48 제자들은 그들 가운데 누가 가장 유명해질지, 말다툼을 벌이기 시작했다. 예수께서 그것이 그들에게 아주 중요한 문제인 것을 아시고, 어린아이 하나를 곁으로 데려와 말씀하셨다. "누구든지 이 아이를 나로 여기고 받아들이는 사람은, 곧 나를 받아들이는 것이다. 또한 누구든지 나를 받아들이는 사람은, 나를 보내신 분을 받아들이는 것이다. 이와 같이 내세울 때가 아니라 받아들일 때 큰 사람이 된다. 중요한 것은 눈에 보이는 크기가 아니라, 너희의 영이다."

49 요한이 당당히 말했다. "주님, 어떤 사람이 주님 이름으로 귀신을 쫓아내는 것을 보고 우리가 막았습니다. 그가 우리에게 속한 사람이 아니어서 그렇게 했습니다."

50 예수께서 말씀하셨다. "그를 막지 마라. 그가 적이 아니라면, 곧 우리 편이다."

51-54 승천하실 때가 가까워 오자, 예수께서 마음을 단단히

먹고 용기를 내어 예루살렘을 향해 길을 떠나셨다. 예수께서 심부름꾼들을 앞서 보내셨다. 그들은 그분을 맞을 곳을 준비하려고 사마리아의 어느 마을로 갔다. 그러나 그분의 행선지가 예루살렘이라는 것을 안 사마리아 사람들은 그분을 맞아들이지 않았다. 제자인 야고보와 요한이 그 이야기를 듣고 말했다. "주님, 우리가 하늘에서 번갯불을 내려오게 해서 저들을 태워 버릴까요?"

55-56 예수께서 그들을 꾸짖으셨다. "옳지 않다!" 그들은 다른 마을로 발걸음을 옮겼다.

57 길을 가고 있는데, 어떤 사람이 자기도 함께 가도 되는지 물었다. 그는 "어디든지 주님과 함께 가겠습니다" 하고 말했다.

58 예수께서 잘라 말씀하셨다. "고생할 각오가 되어 있느냐? 너도 알다시피, 우리가 묵는 곳은 일류 호텔이 아니다."

예수께서 또 다른 사람에게 말씀하셨다. "나를 따라오너라."

59 그가 말했다. "그렇게 하겠습니다. 하지만 며칠 말미를 주십시오. 아버지 장례 준비를 해야 합니다."

60 예수께서 거절하셨다. "중요한 일이 먼저다. 네 본분은 삶이지 죽음이 아니다. 삶은 긴박하다. 하나님 나라를 알려라."

61 그때 또 다른 사람이 말했다. "주님, 저는 주님을 따라갈 준비가 되었습니다. 하지만 먼저 집에 정리할 일이 있으니 허락해 주십시오."

62 예수께서 말씀하셨다. "머뭇거리지 마라. 뒤돌아보지도

마라. 하나님 나라를 내일로 미룰 수는 없다. 오늘 기회를
잡아라."

이리 떼 가운데 있는 어린양

10 ¹⁻² 그 후에 주님께서 일흔 명을 뽑으시고, 앞으로 그분이 가시려는 모든 성읍과 지역으로 그들을 둘씩 짝지어 보내셨다. 예수께서 그들에게 당부하셨다.
"추수할 것이 이토록 많은데, 추수할 일손은 얼마나 적은가!
그러니 추수할 일손을 보내 달라고 추수의 하나님께 무릎
꿇고 기도하여라.

³ 가거라! 그러나 조심하여라. 이것은 위험한 일이다. 너희
는 이리 떼 가운데 있는 어린양들 같다.

⁴ 짐을 가볍게 하고 다녀라. 빗과 칫솔이면 된다. 그 이상은
필요 없다.

길에서 만나는 모든 사람과 노닥거리거나 잡담하지 마라.

⁵⁻⁶ 어느 집에 들어가든지, 그 가족에게 '평화를 빕니다' 하고
인사하여라. 그들이 너희의 인사를 받아들이면, 그곳에 머
물러도 좋다. 그러나 받아들이지 않거든, 인사를 거두고 나
오너라. 억지로 하지 마라.

⁷ 한 집에 머물면서 거기서 주는 음식을 먹어라. 일꾼이 든
든한 세 끼 식사를 하는 것이 마땅하다. 동네에서 음식 솜씨
가 좋은 사람을 찾아서 이 집 저 집 옮겨 다니지 마라.

⁸⁻⁹ 어느 성읍에 들어갔는데 너희를 받아들이거든, 그들이

차려 주는 것을 먹고, 병든 사람은 누구나 고쳐 주며, '하나
님 나라가 바로 너희 문 앞에 있다!'고 말하여라.

10-12 어느 성읍에 들어갔는데 너희를 받아들이지 않거든, 거
리로 나가서 이렇게 말하여라. '우리가 너희한테서 얻은 것
이라고는 우리 발의 먼지뿐이다. 이제 그것마저 돌려주겠
다. 너희는 하나님 나라가 바로 너희 문 앞에 있었던 것을
알고 있느냐?' 심판 날에 차라리 소돔이 너희를 거부한 성
읍보다 나을 것이다.

13-14 고라신아, 화가 있을 것이다! 벳새다야, 화가 있을 것
이다! 너희에게 주어진 기회의 절반만 두로와 시돈에게 주
어졌어도, 그들은 오래전에 무릎 꿇고 회개하며 자비를 구
했을 것이다. 심판 날에 두로와 시돈이 너희보다 견디기 쉬
울 것이다.

15 가버나움아! 네가 하늘까지 높아질 것 같으냐? 다시 생
각하여라. 너는 지옥으로 굴러 떨어질 것이다.

16 너희 말을 듣는 사람은, 곧 내 말을 듣는 것이다. 너희를
거부하는 사람은, 곧 나를 거부하는 것이다. 그리고 나를 거
부하는 것은, 나를 보내신 하나님을 거부하는 것이나 마찬
가지다."

17 일흔 명이 의기양양해서 돌아왔다. "주님, 귀신들조차 주
님의 명령대로 따랐습니다."

18-20 예수께서 말씀하셨다. "나도 안다. 사탄이 하늘에서
번갯불처럼 떨어지는 것을 내가 보았다. 내가 너희에게 무

엇을 주었는지 알겠느냐? 너희는 뱀과 전갈을 밟고 걸어
도 무사히 지날 것이며, 원수의 공격에도 보호받을 것이
다. 아무도 너희를 건드릴 자가 없을 것이다. 그러나 위대
한 승리는 악을 다스리는 너희의 권세에 있지 않고, 너희를
다스리시는 하나님의 권세와 너희와 함께하시는 그분의 임
재에 있다. 너희가 하나님을 위해 하는 일이 아니라 하나님
께서 너희를 위해 하시는 일, 바로 그것이 너희가 기뻐해야
할 제목이다."

²¹ 그때에, 예수께서 성령으로 한없이 기뻐하셨다. "하늘과
땅의 주인이신 아버지, 이것을 다 아는 체하는 사람들에게
숨기시고 천진난만한 초보자들에게 보여주시니 감사합니
다. 그렇습니다, 아버지. 아버지께서는 이렇게 하기를 기뻐
하셨습니다.

²² 나는 아버지에게서 이 모든 것을 받았습니다! 오직 아버
지만이 아들이 누구인지 아시며, 오직 아들만이 아버지가
누구신지 압니다. 아들은 자기가 원하는 사람 누구에게나
아버지를 소개할 수 있습니다."

²³⁻²⁴ 그리고 나서 예수께서 제자들에게 따로 은밀히 말씀하
셨다. "너희가 지금 보고 있는 것을 보는 눈은 복이 있다! 많
은 예언자와 왕들이 너희가 지금 보는 것을 보고 너희가 지
금 듣는 것을 들을 수만 있었다면, 자신의 오른팔이라도 내
놓았을 것이다. 하지만 그들은 희미하게라도 보지 못했고,
속삭이는 소리조차 듣지 못했다."

강도 만난 사람의 이웃

²⁵ 그때에 어떤 종교 학자가 일어나 예수를 시험하는 질문을
던졌다. "선생님, 제가 무엇을 해야 영원한 생명을 얻겠습
니까?"

²⁶ 예수께서 대답하셨다. "하나님의 율법에 어떻게 기록되
어 있느냐? 너는 그것을 어떻게 해석하느냐?"

²⁷ 그가 말했다. "'네 열정과 간구와 힘과 지성을 다해 주 너
의 하나님을 사랑하라' 하였고, 또 '네 자신을 사랑하는 것
같이 네 이웃을 사랑하라' 하였습니다."

²⁸ "잘 대답했다." 예수께서 말씀하셨다. "그것을 행하여라.
그러면 네가 살 것이다."

²⁹ 그는 빠져나갈 길을 찾으면서 물었다. "그러면 선생님은
이웃을 어떻게 정의하겠습니까?"

³⁰⁻³² 예수께서 그 대답으로 이야기를 하나 들려주셨다. "어
떤 사람이 예루살렘에서 여리고로 가고 있는데, 도중에 강
도들의 습격을 받았다. 강도들은 그의 옷을 빼앗고 때려 거
의 죽게 해놓고는, 버려두고 가 버렸다. 다행히, 제사장이
같은 길로 내려가고 있었다. 그러나 그는 다친 사람을 보고
는 방향을 바꿔 다른 쪽으로 비켜 갔다. 이어서 경건한 레위
사람이 나타났다. 그 역시 부상당한 사람을 피해 갔다.

³³⁻³⁵ 그 길을 가던 어떤 사마리아 사람이 그 사람에게 다가
왔다. 사마리아 사람은 그 사람의 처지를 보고는 가엾은 마
음이 들었다. 그는 상처를 소독하고 붕대를 감아 응급조치

를 한 뒤에, 그를 자기 나귀에 태워 여관으로 데려가 편히
쉬게 해주었다. 아침에 그는 은화 두 개를 꺼내 여관 주인에
게 주면서 말했다. '이 사람을 잘 돌봐 주십시오. 비용이 더
들면 내 앞으로 계산해 두십시오. 내가 돌아오는 길에 갚겠
습니다.'

36 네 생각은 어떠냐? 세 사람 가운데 누가 강도 만난 사람
의 이웃이 되었겠느냐?"

37 종교 학자가 대답했다. "친절을 베푼 사람입니다."

예수께서 말씀하셨다. "너도 가서 똑같이 하여라."

마르다와 마리아

38-40 계속해서 길을 가다가, 예수께서 한 마을에 들어가셨
다. 마르다라는 여자가 그분을 맞아 편히 쉬도록 모셨다. 그
녀에게 마리아라는 동생이 있었는데, 마리아는 주님 앞에
앉아 그분의 말씀을 경청하고 있었다. 그러나 마르다는 해
야 할 온갖 부엌일로 마음이 분주했다. 얼마 후에, 마르다
가 그들의 이야기를 끊고 끼어들었다. "주님, 제 동생이 부
엌일을 저한테만 떠넘기고 있는데, 그냥 두십니까? 저를 좀
거들어 주라고 동생에게 말씀해 주십시오."

41-42 주님께서 말씀하셨다. "마르다야, 사랑하는 마르다야,
네가 지나치게 염려하여 아무것도 아닌 일로 흥분하고 있구
나. 마리아는 가장 중요한 한 가지 일을 택했다. 그러니 마
리아는 그것을 빼앗기지 않을 것이다."

필요한 것을 솔직하게 구하여라

11

¹ 하루는 예수께서 한 곳에서 기도하고 계셨다. 예수께서 기도를 마치자, 제자들 가운데 한 사람이 말했다. "주님, 요한이 자기 제자들에게 한 것처럼 저희에게도 기도를 가르쳐 주십시오."

²⁻⁴ 그러자 예수께서 말씀하셨다. "너희는 기도할 때 이렇게 하여라.

> 아버지,
> 아버지가 어떤 분이신지 드러내소서.
> 세상을 바로잡아 주소서.
> 든든한 세 끼 식사로 우리가 살아가게 하소서.
> 아버지께 용서받은 우리가 다른 사람들을 용서하게 하소서.
> 우리를 우리 자신에게서와, 마귀에게서 안전하게 지켜 주소서."

⁵⁻⁶ 예수께서 말씀하셨다. "너희가 한밤중에 친구에게 가서 이렇게 말하면 어떻게 될지 상상해 보아라. '친구여, 내게 빵 세 덩이를 빌려 주게. 옛 친구가 여행을 하다가 방금 찾아왔는데, 내 수중에 아무것도 없네.'

⁷ 친구가 침대에서 대답했다. '귀찮게 굴지 말게. 문도 닫혔고 아이들도 다 자려고 누웠다네. 그러니 내가 일어나 자네

에게 아무것도 줄 수가 없네.'

⁸ 그러나 내가 너희에게 말한다. 비록 그가 친구라는 이유로는 일어나지 않더라도, 너희가 물러서지 않고 그 자리에 서서 계속 문을 두드려 이웃들을 다 깨운다면, 그가 일어나서 무엇이든 필요한 것을 줄 것이다.

⁹ 내가 하려는 말은 이것이다.

　구하여라, 그러면 받을 것이다.

　찾아라, 그러면 발견할 것이다.

　두드려라, 그러면 문이 열릴 것이다.

10-13 하나님과 흥정하지 마라. 솔직하게 말씀드려라. 필요한 것을 구하여라. 우리는 쫓고 쫓기는 게임이나 숨바꼭질을 하고 있는 것이 아니다. 너희 어린 아들이 생선을 달라고 하는데, 살아 있는 뱀을 접시에 담아 아이를 무섭게 하겠느냐? 너희 어린 딸이 계란을 달라고 하는데, 거미를 주며 아이를 속이겠느냐? 너희가 아무리 악해도 그런 생각은 하지 않을 것이다. 너희도 자기 자식에게는 최소한의 예의를 지킨다. 그렇다면, 너희를 사랑으로 잉태하신 아버지께서 너희가 구할 때 성령을 주시지 않겠느냐?"

중립지대는 없다

14-16 예수께서 어떤 사람을 말 못하게 하는 귀신에게서 구해

주셨다. 귀신이 떠나가자, 그 사람이 쉴 새 없이 말하는 것을 보고 무리가 깜짝 놀랐다. 그러나 그들 가운데 더러는 빈정대며 말했다. "마술이다. 소맷자락에서 마귀의 속임수를 끄집어낸 것이다." 또 어떤 사람은 미심쩍은 태도를 보이면서도, 그분이 굉장한 기적으로 자신을 입증해 주기를 바라며 서성댔다.

¹⁷⁻²⁰ 예수께서 그들의 생각을 아시고 말씀하셨다. "장기간 내전을 벌이는 나라는 황폐해진다. 늘 싸움질하는 가정은 무너지게 마련이다. 사탄이 사탄을 없애면, 어느 사탄이 남아나겠느냐? 너희는 내가 귀신들의 왕인 마귀와 한패가 되어 귀신을 쫓아낸다고 비난한다. 그러나 너희가 나를 마귀라고 욕하며 마귀 쫓아내는 마귀라고 부른다면, 너희의 귀신 쫓아내는 자들에게도 똑같은 욕이 되지 않겠느냐? 그러나 내가 하나님의 손가락으로 귀신들을 몰아내는 것이라면, 하나님 나라가 확실히 여기 있는 것이다.

²¹⁻²² 강한 사람이 완전 무장하고 자기 집 마당에 지키고 서 있으면, 그의 재산은 끄떡없이 안전하다. 그러나 더 강한 사람이 더 강한 무기를 들고 오면 어찌 되겠느냐? 그는 자기 수법에 자기가 당하고 말 것이다. 그가 그토록 믿었던 무기고는 탈취당하고, 귀한 재물은 약탈당한다.

²³ 이것은 전쟁이며, 중립지대는 없다. 내 편이 아니라면, 너희는 내 적이다. 돕지 않으면 방해하는 것이다.

²⁴⁻²⁶ 사람에게서 쫓겨난 더러운 귀신은 광야를 이리저리 떠

돌며 자기가 들어갈 만한 오아시스, 곧 순진한 영혼을 찾아 다닌다. 아무도 찾지 못하면, 귀신은 '내가 전에 있던 소굴로 돌아가자' 하고 말한다. 돌아가 보니, 그 사람 안은 쓸고 닦아 깨끗한데, 텅 비어 있다. 그래서 귀신은 달려가서 자기보다 더 더러운 귀신을 일곱이나 끌어 모아서는, 다 함께 그 사람 안에 들어가 난장판을 벌인다. 결국 그 사람의 상태는 깨끗함을 받지 않았던 처음보다 훨씬 나빠진다."

²⁷ 예수께서 이 말씀을 하고 있는데, 웅성거리는 무리 가운데서 어떤 여자가 목소리 높여 말했다. "선생님을 밴 태와 선생님을 먹인 가슴은 복이 있습니다!"

²⁸ 예수께서 덧붙이셨다. "하나님의 말씀을 듣고 자기 삶으로 그 말씀을 지키는 사람이 훨씬 더 복이 있다!"

요나의 증거

²⁹⁻³⁰ 무리가 점점 늘어나자, 예수께서 화제를 바꾸셨다. "이 시대의 풍조가 다 잘못되었다. 사람마다 증거를 찾고 있으나 엉뚱한 증거를 찾고 있다. 너희는 너희의 호기심을 만족시켜 주고, 기적에 대한 너희의 욕망을 채워 줄 무언가를 찾고 있다. 그러나 너희가 얻게 될 유일한 증거는, 요나가 니느웨 사람들에게 준 증거뿐이다. 그것은 전혀 증거처럼 보이지 않는다. 인자와 이 시대는 요나와 니느웨 같다.

³²⁻³¹ 심판 날에 니느웨 사람들이 일어나 이 세대를 정죄할 증거를 내놓을 것이다. 요나가 설교할 때, 그들이 자신들

의 삶을 고쳤기 때문이다. 요나보다 더 큰 설교자가 여기 있는데도, 너희는 증거를 따지고 있다. 심판 날에, 시바 여왕이 앞에 나와서 이 세대를 정죄할 증거를 제시할 것이다. 여왕이 지혜로운 솔로몬의 말을 들으려고 먼 땅 끝에서부터 찾아왔기 때문이다. 솔로몬의 지혜보다 더 큰 지혜가 바로 너희 앞에 있는데도, 너희는 증거 운운하며 억지를 부리고 있다.

33-36 등불을 켜서 서랍 속에 숨겨 두는 사람은 아무도 없다. 등불은 단 위에 둔다. 그래야 방에 들어오는 사람들이 그 빛 덕분에 자신이 어디로 가는지 보고 다닐 수 있다. 네 눈은 네 온몸을 밝혀 주는 등불이다. 네가 경이와 믿음으로 눈을 크게 뜨고 살면, 네 몸은 빛으로 가득해진다. 네가 탐욕과 불신으로 곁눈질하고 살면, 네 몸은 음습한 지하실이 된다. 네 몸이 곰팡내 나고 어둠침침하게 되지 않으려면, 눈을 뜨고 살면서 네 등불이 계속 타오르게 하여라. 빛이 가장 잘 드는 네 방처럼, 네 삶에도 늘 빛이 잘 들게 하여라."

사기꾼들아!

37-41 예수께서 이 말씀을 마치자, 바리새인 하나가 그분을 저녁식사에 초대했다. 예수께서 그의 집에 들어가 식탁 앞에 앉으셨다. 바리새인은 예수께서 식사 전에 손을 씻지 않는 것을 보고 기분이 언짢았다. 그러자 주님께서 그에게 말씀하셨다. "너희 바리새인들이 햇빛에 반짝일 정도로 컵과

접시 겉에 광을 내는 것을 나는 알고 있다. 그러나 나는 너희 속에 탐욕과 은밀한 악이 득실거리는 것도 알고 있다. 미련한 바리새인들아! 겉을 지으신 분께서 속도 지으시지 않았느냐? 너희 주머니와 너희 마음 둘 다를 뒤집어서 가난한 사람들에게 후히 베풀어라. 그러면 너희의 그릇과 손뿐 아니라, 너희의 삶도 깨끗해질 것이다.

⁴² 나는 이제 너희라면 지긋지긋하다! 너희 바리새인들아! 사기꾼들아! 너희는 도무지 구제 불능이구나! 너희는 꼼꼼히 장부를 적어 가며 동전 하나에까지 십일조를 내지만, 정의와 하나님의 사랑 같은 기본적인 것에서는 용케도 빠져나갈 길을 찾아낸다. 정성스런 장부 정리도 좋지만, 기본은 반드시 해야 하는 것이다.

⁴³⁻⁴⁴ 너희 바리새인들아! 사기꾼들아! 너희는 도무지 구제 불능이구나! 너희는 교회 식사 때 상석에 앉는 것을 좋아하고, 사람들의 화려한 칭찬에 우쭐하는 것을 좋아한다. 사기꾼들아! 너희는 꼭 묘지 표지가 없는 무덤과 같다. 사람들은 깔끔하게 정리된 잔디를 밟고 다니지만, 그 2미터 아래 땅속은 온통 썩고 부패한 것을 알 턱이 없다."

⁴⁵ 종교 학자 가운데 한 사람이 말했다. "선생님, 그렇게 말하면 우리에게까지 모욕이 된다는 것을 아는지요?"

⁴⁶ 예수께서 말씀하셨다. "그렇다. 이보다 더 노골적으로 말할 수도 있다. 너희 종교 학자들아! 너희는 도무지 구제 불능이구나! 너희는 사람들에게 온갖 규칙과 규정의 짐을 잔

뚝 지워서 그야말로 등골이 휘어지게 하면서, 도와주려고 손가락 하나 까딱하지 않는다.

47-51 너희는 도무지 구제 불능이구나! 너희는 너희 조상들이 죽인 예언자들을 위해 무덤을 쌓는다. 그러나 너희가 쌓는 무덤은 살해당한 예언자들을 기념하는 것이 아니라, 오히려 살인자인 너희 조상들을 기념하는 것이다. 그래서 하나님의 지혜도 말하기를, '내가 그들에게 예언자와 사도들을 보내 겠지만, 그들이 이들을 죽이고 쫓아낼 것이다'라고 한 것이 다. 이것은 아벨의 피에서부터 제단과 성소 사이에서 죽임 당한 사가랴의 피까지, 땅이 시작된 이래로 지금까지 흘린 모든 의로운 피가 다 너희 책임이라는 뜻이다. 그렇다. 그것 이 이 세대의 계산서에 올라 있으니 이 세대가 갚아야 할 것 이다.

52 너희 종교 학자들아! 너희는 도무지 구제 불능이구나! 너 희는 지식의 열쇠를 가지고 있지만, 문을 열지 않고 오히려 잠가 버렸다. 너희 자신도 들어가려 하지 않고, 다른 사람도 들어가지 못하게 한다."

53-54 예수께서 식탁을 떠나시자마자, 종교 학자와 바리새인 들이 격분했다. 그들은 어떻게 그분의 입에서 나오는 말로 그분을 함정에 빠뜨릴까 모의하며, 그분이 하신 말씀을 하 나하나 따져 보았다.

더러운 누룩을 주의하여라

12

1-3 어느새 무리가 수천 명으로 엄청나게 늘어
나, 서로 발에 밟힐 지경이 되었다. 그러나 예수
의 일차적인 관심은 제자들에게 있었다. 예수께서 제자들에
게 말씀하셨다. "바리새인들의 누룩, 바리새인들의 겉치레
에 더럽혀지지 않도록 주의하여라. 너희는 자신의 참 자아
를 영원히 감춰 둘 수 없다. 머잖아 본 모습이 드러나게 되
어 있다. 너희는 종교의 가면 뒤에 영원히 숨을 수 없다. 머
잖아 가면이 벗겨지고 진짜 얼굴이 드러날 것이다. 너희가
은밀한 데서는 이렇게 속삭이고, 사람들 앞에서는 그와 정
반대로 전할 수 없다. 너희가 속삭이며 한 말을 온 동네에
대고 다시 말할 날이 올 것이다.

4-5 나의 사랑하는 친구인 너희에게 말한다. 종교 불량배들
이 허세를 부리며 위협한다고 해서 침묵하거나 진실함을 잃
어서는 안된다. 물론 그들이 너희를 죽일 수는 있겠지만, 그
후에 너희를 어찌할 수 있겠느냐? 그들이 너희 존재의 중
심인 너희 영혼에 할 수 있는 일이란 아무것도 없다. 너희는
너희 삶 전체—몸과 영혼—를 그 손에 붙잡고 계시는 하나
님만 두려워하면 된다.

6-7 애완용 카나리아 두세 마리의 값이 얼마더냐? 푼돈이 아
니냐? 그러나 하나님은 한 마리라도 절대 그냥 지나치지 않
으신다. 그분께서 너희에게는 더 정성을 쏟으신다. 세세한
것까지 일일이 돌보시며, 심지어 너희의 머리카락까지 다

세신다! 그러니 괴롭히는 자들의 이런저런 말에 겁먹지 마라. 너희는 카나리아 수백만 마리보다 더 귀하다.

8-9 너희는 사람들 앞에서 내 편을 들어라. 그러면 인자도 하나님의 모든 천사들 앞에서 너희 편을 들 것이다. 그러나 너희가 나를 모른 척한다면, 내가 하나님의 천사들 앞에서 너희를 변호해 줄 것 같으냐?

10 너희가 오해나 무지로 인해 인자를 비방하면, 그것은 그냥 넘어갈 수 있다. 그러나 성령을 겨냥해 고의로 하나님을 공격하면, 그것은 그냥 넘어갈 수 없다.

11-12 사람들이 너희를 회당이나 즉결재판소의 재판관 앞으로 끌고 가더라도, 너희는 자신을 변호할 일로—무엇을 어떻게 말해야 할지—걱정하지 마라. 꼭 맞는 말이 떠오를 것이다. 때가 되면 성령께서 꼭 맞는 말을 너희에게 주실 것이다."

어리석은 부자 이야기

13 무리 가운데 누군가 말했다. "선생님, 제 형에게 명하여 집안의 유산을 제게 공평하게 떼어 주라고 말씀해 주십시오."

14 예수께서 대답하셨다. "이 사람아, 어떻게 내 일이 너희의 재판관이나 중재자가 되는 것이겠느냐?"

15 예수께서 사람들에게 말씀하셨다. "조심하여라! 털끝만한 탐심에도 빠져들지 않도록 너희 자신을 지켜라. 너희의 소유가 많더라도, 그 소유가 너희의 삶을 규정해 주지 않는다."

16-19 그 후에 예수께서 그들에게 이런 이야기를 들려주셨다. "어느 부자의 농사가 풍년이 들었다. 그가 혼잣말로 말했다. '어쩌지? 이 수확물을 두기에 내 창고가 좁구나.' 그러다가 이렇게 말했다. '이렇게 하자. 창고를 헐고 더 크게 짓자. 그리고 내 곡식과 재산을 다 모아들이고 내 자신에게 이렇게 말해야겠다. "잘했다! 너는 크게 성공했으니 이제 은퇴해도 좋다. 편안히 네 인생을 즐겨라!"'

20 바로 그때에 하나님께서 나타나 말씀하셨다. '어리석은 사람아! 오늘밤 너는 죽는다. 그러면 창고에 가득한 네 재산은 누구 것이 되겠느냐?'

21 너희의 창고를 하나님이 아니라 너희의 자아로 채우면 바로 이렇게 된다."

하나님께서 일하시는 방식

22-24 예수께서 같은 주제로 제자들에게 더 말씀하셨다. "너희는 식사 때 식탁에 무엇이 오르고 옷장에 있는 옷들이 유행에 맞는지 따위로 안달하며 설치지 마라. 너희 내면의 삶은 뱃속에 넣는 음식이 전부가 아니며, 너희의 겉모습도 몸에 걸치는 옷이 전부가 아니다. 까마귀를 보아라. 얽매일 것 없이 자유롭고, 업무에 속박되지 않으며, 하나님이 돌보시니 염려가 없다. 너희는 그 까마귀보다 훨씬 더 중요하다.

25-28 거울 앞에서 설친다고 해서 키가 1센티미터라도 커진 사람이 있더냐? 그래 봐야 소용없는 일인데, 왜 야단법석

을 떠느냐? 들판에 나가 들꽃을 보아라. 들꽃은 외모 때문에 안달복달하는 법이 없지만, 너희는 여태 그런 색깔이나 디자인을 본 적이 있느냐? 이 나라의 남녀 베스트드레서 열 명이라도 그 꽃 옆에 서면 초라해 보인다. 아무도 보아 주지 않는 들꽃에도 그토록 정성을 들이시는데, 하물며 하나님께서 너희를 돌보시고 자랑스러워하시며, 너희를 위해 최선을 다하시지 않겠느냐?

29-32 나는 지금 너희로 여유를 갖게 하려는 것이며, 손에 넣는 데 온통 정신을 빼앗기지 않게 해서, 베푸시는 하나님께 반응하도록 하려는 것이다. 하나님과 그분의 일하시는 방식을 모르는 사람은 그런 일로 안달하지만, 너희는 하나님을 알고 그분의 일하시는 방식도 안다. 너희는 하나님이 실체가 되시고, 하나님이 주도하시며, 하나님이 공급하시는 삶에 흠뻑 젖어 살아라. 너희 매일의 삶에 필요한 것을 하나님께서 모두 채워 주실 것이다. 뭔가 놓칠까 봐 걱정하지 마라. 너희는 내가 가장 사랑하는 친구다! 아버지께서 너희에게 그 나라를 주시기 원하신다.

33-34 후하게 베풀어라. 가난한 사람들에게 베풀어라. 파산하지 않는 은행, 강도가 침입할 수 없고 횡령의 위험이 없는 하늘 은행, 신뢰할 수 있는 은행과 거래하여라. 너희는 너희 보물이 있는 곳에 가장 있고 싶어 할 텐데, 결국 그렇게 될 것이다. 그것이 당연하지 않겠느냐?"

깨어 있는 사람은 복되다

35-38 "늘 옷을 입고 있고, 불을 밝혀 두어라! 너희는 주인이
신혼여행에서 돌아오기를 기다리며, 주인이 도착해 문을 두
드리면 열어 주기 위해 깨어서 준비하고 있는 종들처럼 되
어라. 주인이 왔을 때 깨어서 일하고 있는 종들은 복되다!
주인이 앞치마를 두르고 그들을 식탁에 앉게 해서, 식사를
대접하며 그들과 결혼잔치를 함께할 것이다. 주인이 밤 몇
시에 오든 상관없이, 깨어 있는 그들은 복되다!

39-40 집 주인이 어느 밤에 도둑이 드는지 알았더라면, 문도
잠그지 않은 채 밤늦도록 집을 비우지 않았을 것이다. 그러
니 너희는 흐트러지거나 긴장을 늦추지 마라. 너희가 예상
하지 못한 때에 인자가 올 것이다."

41 베드로가 말했다. "주님, 이 이야기는 우리에게 하시는
것입니까, 아니면 모든 사람에게 하시는 것입니까?"

42-46 주님께서 말씀하셨다. "너희에게 묻겠다. 주인이 자기
일꾼들을 맡겨서 그 일꾼들을 제때에 잘 먹이게 할 만큼 사
리가 밝고 믿을 만한 관리인이 누구냐? 주인이 나타날 때
자기 본분을 다하고 있는 사람은 복된 사람이다. 그러나 관
리인이 '주인이 더디 온다' 생각하고는, 일꾼들을 학대하고
친구들을 불러 모아 파티를 벌여 술에 취한다면, 생각지도
못한 때에 주인이 돌아와서, 그를 호되게 매질하고 부엌으
로 돌려보내 감자껍질을 벗기게 할 것이다.

47-48 주인이 무엇을 원하는지 알고도 무시하거나, 건방지게

자기 마음대로 하는 종은 흠씬 두들겨 맞을 것이다. 그러나 알지 못해서 일을 제대로 못한 종은 회초리 몇 대로 그칠 것이다. 선물이 크면 책임도 그만큼 큰 법이다. 더 큰 선물에는 더 큰 책임이 따른다."

나는 이 땅에 불을 지르러 왔다

49-53 "나는 이 땅에 불을 지르러 왔다. 바로 지금 이 땅이 활활 불타고 있다면 얼마나 좋겠는가! 나는 모든 것을 바꾸고 모든 것을 제대로 뒤집으려고 왔다. 이 일을 이루기를 내가 얼마나 기다렸던가! 너희는 내가 모든 것을 순탄하고 무난하게 만들려고 온 줄 아느냐? 아니다. 나는 분열과 대립을 일으키러 왔다! 이제부터는 한 집에 다섯 식구가 있으면,

세 사람이 두 사람과 맞서고
두 사람이 세 사람과 맞서고
아버지가 아들과 맞서고
아들이 아버지와 맞서고
어머니가 딸과 맞서고
딸이 어머니와 맞서고
시어머니가 며느리와 맞서고
며느리가 시어머니와 맞설 것이다."

54-56 예수께서 무리를 향해 말씀하셨다. "구름이 서쪽에서

오는 것을 보면 너희는 '큰비가 오겠다'고 하는데, 그 말이 맞다. 또 바람이 남쪽에서 불면 '오늘은 덥겠다'고 하는데, 그 말도 맞다. 사기꾼들아! 너희가 날씨의 변화는 읽을 줄 알면서, 지금 우리에게 임한 하나님의 계절의 변화는 왜 읽을 줄 모르느냐.

57-59 너희가 반드시 천재가 되어야만 이런 것을 알 수 있는 것은 아니다. 그저 사리분별만 제대로 해도 된다. 가령, 법정으로 끌려갈 때 너희는 너희를 고소한 자와 도중에 타협하기로 결심할 것이다. 사건이 재판관에게까지 가면, 감옥에 갇히고 한 푼도 남김없이 벌금을 다 내야 할 것을 너희가 알기 때문이다. 내가 너희에게 요구하는 것은 바로 그런 결심이다."

열매 맺지 못하는 나무 이야기

13

1-5 그때에 몇몇 사람들이 와서, 빌라도가 예배드리던 갈릴리 사람들을 죽여서 그 피를 제단 제물의 피에 섞은 일을 예수께 전했다. 예수께서 대답하셨다. "너희는 이 살해당한 갈릴리 사람들이 다른 모든 갈릴리 사람보다 더 나쁜 죄인들이라고 생각하느냐? 전혀 그렇지 않다. 하나님께 돌아오지 않으면 너희도 죽을 것이다. 또한 며칠 전 실로암 탑이 무너져 덮치는 바람에 거기에 깔려 죽은 열여덟 명의 예루살렘 사람들이, 다른 모든 예루살렘 사람들보다 더 나쁜 줄 아느냐? 전혀 그렇지 않다. 하나님께 돌

아오지 않으면 너희도 죽을 것이다."

6-7 예수께서 이런 이야기를 들려주셨다. "어떤 사람이 앞마당에 사과나무를 심었다. 그가 그 나무에 사과가 있을까 해서 다가가 보니, 하나도 없었다. 그가 정원사에게 말했다. '어찌 된 일이냐? 이제까지 내가 삼 년이나 이 나무에 와서 사과를 찾았지만 하나도 얻지 못했다. 찍어 버려라! 무엇 때문에 좋은 땅을 더 버리겠느냐?'

8-9 정원사가 말했다. '일 년만 더 관심을 기울여 보겠습니다. 제가 그 둘레를 파고 거름을 주겠습니다. 내년에는 열매를 맺을지 모릅니다. 그렇지 않거든, 그때 찍어 버리십시오.'"

안식일에 병을 고치시다

10-13 예수께서 안식일에 한 회당에서 가르치고 계셨다. 거기에 관절염으로 몸이 뒤틀리고 등이 굽어서 고개조차 들 수 없는 한 여자가 있었다. 여자는 십팔 년째 그 병을 앓고 있었다. 예수께서 그 여자를 보시고 가까이 부르셨다. "여자여, 네가 자유케 되었다!" 예수께서 여자에게 손을 얹자, 여자는 당장 꼿꼿하게 서서 하나님께 영광을 돌렸다.

14 예수께서 안식일에 병을 고친 것 때문에 몹시 화가 난 회당장이 회중에게 말했다. "일하는 날로 정해진 날이 엿새나 됩니다. 치료받고 싶거든 그중 한 날에 오시오. 그러나 일곱째 날 안식일에는 안됩니다."

15-16 그러자 예수께서 쏘아붙이셨다. "너희 사기꾼들아! 너

희도 안식일에 자기 소나 나귀를 풀어서 외양간에서 끌고 나가 물을 먹이는 것을 아무렇지 않게 생각한다. 그런데 내가 사탄에게 십팔 년이나 매여 있던 이 아브라함의 딸을 풀어 주고 그 외양간에서 끌어낸 것이 어째서 문제라는 말이냐?" ¹⁷ 예수께서 그렇게 말씀하시자, 비난하던 자들이 말문이 막혀 얼굴을 붉히며 떠나갔다. 회중은 기뻐하며 그분께 갈채를 보냈다.

하나님께 이르는 길

¹⁸⁻¹⁹ 그 후에 예수께서 말씀하셨다. "하나님 나라를 어떻게 묘사할 수 있을까? 어떤 이야기가 좋을까? 하나님 나라는 어떤 사람이 자기 앞마당에 심는 솔씨 하나와 같다. 솔씨는 독수리들이 그 안에 둥지를 틀 만큼 가지가 무성한 큰 나무로 자란다."

²⁰⁻²¹ 예수께서 다시 말씀하셨다. "하나님 나라를 어떻게 묘사할 수 있을까? 하나님 나라는 여자가 빵 세 덩이를 만들려고 반죽에 넣는 누룩과 같다. 기다리고 있으면 반죽이 부푼다."

²² 예수께서 계속해서 각 성읍과 마을로 다니며 가르치셨으나, 시종일관 예루살렘을 향해 가고 계셨다.

²³⁻²⁵ 어떤 구경꾼이 말했다. "주님, 구원받을 사람이 적습니까?"

예수께서 말씀하셨다. "많고 적고는 너희가 상관할 일이

아니다. 너희는 하나님과 함께하는 삶에 전념하여라. 생
명, 곧 하나님께 이르는 길은 정신을 바짝 차려야만 갈 수
있는 힘든 길이다. 너희 가운데는 평생 동안 그 근처를 맴
돌았다는 이유만으로 하나님의 구원 잔치에 앉을 줄로 생
각할 사람이 많이 있다. 어느 날 너희가 안에 들어가고 싶
어 문을 쾅쾅 두드리겠지만, 문은 잠겨 있고 주인은 이렇
게 말할 것이다. '미안하지만, 너희는 내 손님 명단에 없다.'
²⁶⁻²⁷ 너희는 '우리는 평생 주님을 알았습니다!' 하고 따지겠
지만, 주인은 단호히 너희 말을 자를 것이다. '너희는 안다
고 하지만, 그것은 아는 것이 아니다. 너희는 나에 대해 조
금도 모른다.'

²⁸⁻³⁰ 그때 너희는 은혜에서 소외된 자가 되어 바깥 추운 데
있을 것이다. 너희는 아브라함과 이삭과 야곱과 모든 예언
자들이 하나님 나라로 행진해 들어가는 것을 볼 것이다.
너희는 동서남북 사방에서 사람들이 흘러들어와서, 하나
님 나라 식탁에 앉는 것을 볼 것이다. 그러는 동안 너희는
바깥에서 안을 들여다보며, 이것이 어찌 된 일인지 의아해
할 것이다. 이것은 위대한 반전이다. 맨 뒤에 서 있던 사람
이 앞으로 오고, 먼저였던 사람이 결국 나중 될 것이다."

³¹ 바로 그때에 몇몇 바리새인들이 다가와서 말했다. "얼른
피하십시오! 헤롯이 선생님을 찾아 죽이려고 합니다!"

³²⁻³⁵ 예수께서 말씀하셨다. "지금은 내가 시간이 없다고 그 여우에게 전하여라. 오늘과 내일은 내가 귀신을 쫓아내고 병든 사람들을 고치느라 바쁘고, 사흘째에는 일을 마무리할 것이다. 그뿐 아니다. 예언자가 예루살렘 밖에서 불운한 최후를 맞는 것은 합당하지 않다.

> 예루살렘아, 예루살렘아, 예언자들을 죽이고
> 하나님의 심부름꾼들을 학대하는 너희여!
> 암탉이 제 새끼를 날개 아래 안전히 품듯이
> 내가 너희 자녀들을
> 간절히 모으려고 했으나
> 너희는 거부하고 돌아섰다!
> 이제는 너무 늦었다.
> 너희가 '복되다,
> 하나님의 이름으로 오시는 이여' 하고
> 말하는 그날까지,
> 너희가 다시는 나를 보지 못할 것이다."

14

¹⁻³ 한번은 예수께서 바리새인의 최고 지도자들 가운데 한 사람과 안식일 식사를 하러 가셨는데, 손님들이 모두 그분을 주시하며 일거수일투족을 살폈다. 바로 그분 앞에 관절 마디가 심하게 부은 사람이 있었다. 예수

께서 그 자리에 있는 종교 학자와 바리새인들에게 물으셨다. "안식일에 병을 고쳐도 되느냐, 안되느냐?"

4-6 그들은 묵묵부답이었다. 예수께서 그 사람을 데려다가 고쳐 주시고, 돌려보내셨다. 그러고 나서 말씀하셨다. "여기 있는 사람 가운데 자기 자식이나 가축이 우물에 빠졌는데 당장 달려가서 끌어내지 않고, 안식일이냐 아니냐를 따질 사람이 있느냐?" 그들은 대답할 말이 없었다.

소외된 사람들을 초대하여라

7-9 예수께서 식탁에 둘러앉은 손님들에게 계속해서 이야기해 주셨다. 사람들이 저마다 밀치고 상석에 앉으려는 것을 보시고, 예수께서 말씀하셨다. "누가 너를 저녁식사에 초대하거든, 상석에 앉지 마라. 주인이 너보다 더 중요한 사람을 초대했을 수도 있다. 그런 경우에, 주인이 와서 모든 사람 앞에서 큰소리로 '당신은 자리를 잘못 잡았소. 상석은 이 사람의 자리요' 할 것이다. 그러면 너는 부끄러워 얼굴을 붉히며, 마지막 남은 맨 끝자리로 가야 할 것이다.

10-11 저녁식사에 초대를 받거든, 맨 끝자리에 앉아라. 그러면 너를 초대한 사람이 와서 '친구여, 앞으로 나오시오' 하고 반드시 말할 것이다. 그 일이, 저녁식사에 온 손님들에게 화젯거리가 될 것이다! 내가 말한다. 너희가 거만한 태도로 다니면, 결국 코가 납작해지고 말 것이다. 그러나 너희가 너희 있는 모습을 그대로 인정하면, 자기 자신보다 큰 존재가 될

것이다."

12-14 예수께서 자기를 초대한 사람에게 말씀하셨다. "다음 번에 네가 저녁식사를 베풀거든, 네 친구와 가족과 잘사는 이웃들, 곧 호의를 갚을 사람들만 초대하지 마라. 한 번도 초대받지 못하는 사람들, 가난한 지역에 사는 소외된 사람들을 초대하여라. 그러면 네 자신이 복되고 또한 복을 경험하게 될 것이다. 그들은 호의에 보답할 수 없겠지만, 하나님의 사람들이 부활할 때 그 호의에 대한 보답이 있을 것이다. 반드시 있을 것이다!"

초대받은 손님 이야기

15 그 말에 손님 가운데 한 사람이 응답했다. "하나님 나라에서 저녁 만찬을 먹게 되는 사람은 정말 복이 있습니다!"

16-17 예수께서 그 말을 이어받으셨다. "그렇다. 어떤 사람이 성대한 저녁 파티를 열어 많은 사람을 초대했다. 식사 시간이 되자, 그는 초대받은 손님들에게 종을 보내 말했다. '오십시오. 음식이 다 준비되었습니다.'

18 그러나 초대받은 사람들이 한 명씩 핑계를 대며 거절하기 시작했다. 한 사람은 '나는 땅을 좀 샀는데, 가서 둘러봐야겠다. 미안하다고 전해라' 하고 말했다.

19 또 한 사람은 '나는 방금 소 다섯 쌍을 샀는데, 꼭 가서 부려 봐야겠다. 미안하다고 전해라' 하고 말했다.

20 또 한 사람은 '나는 신혼이라, 집에 있는 아내에게 가 봐

야 한다' 하고 말했다.

²¹ 종이 돌아와서 주인에게 사정을 보고했다. 주인은 격분해서 종에게 말했다. '어서, 시내의 큰길과 골목길로 나가거라. 가서 제대로 된 식사가 필요한 사람들, 소외된 사람과 노숙자와 불쌍한 사람들을 눈에 띄는 대로 모아서 이리로 데려오너라.'

²² 종이 다시 보고했다. '주인님, 명령하신 대로 했는데도 여전히 자리가 남습니다.'

²³⁻²⁴ 주인이 말했다. '그렇다면 길거리로 가서, 아무나 만나는 대로 데려 오너라. 나는 내 집이 가득 차기를 원한다! 내가 너희에게 말한다. 처음에 초대받은 사람들 가운데는, 아무도 내 저녁 파티에서 먹지 못할 것이다.'"

비용을 계산해 보아라

²⁵⁻²⁷ 하루는 많은 무리가 예수와 함께 걷고 있는데, 예수께서 돌아서서 그들에게 말씀하셨다. "누구든지 내게 오려는 사람은, 아버지와 어머니, 배우자와 자녀, 형제자매 그리고 자기 자신까지 내려놓지 않고서는 내 제자가 될 수 없다. 누구든지 자기 십자가를 지고 내 뒤를 따라오지 않는 사람은 내 제자가 될 수 없다.

²⁸⁻³⁰ 새 집을 지을 계획이라면, 집을 다 지을 수 있을지 비용을 계산해 보지 않을 사람이 누가 있겠느냐? 기초만 놓았는데 돈이 다 떨어졌다면, 너희는 아주 어리석은 사람으로 보

일 것이다. 지나가는 사람마다 '이 사람이 끝내지도 못할 일
을 벌였구나' 하고 손가락질하며 너희를 비웃을 것이다.

31-32 또 너희는 병사 일만 명으로 병사 이만 명을 가진 왕을
당해 낼 수 있을지 판단해 보지도 않고 전쟁에 나가는 왕을
상상할 수 있겠느냐? 만일 당해 낼 수 없다고 판단하면, 밀
사를 보내 휴전을 맺지 않겠느냐?

33 간단히 말하겠다. 계획이든 사람이든, 너희에게 가장 소
중한 것과 기꺼이 작별할 각오가 없으면, 너희는 내 제자가
될 수 없다.

34 소금은 좋은 것이다. 그러나 소금이 맛을 잃으면 아무 데
도 쓸모없는 무용지물이 되고 만다.

너희는 듣고 있느냐? 정말로 듣고 있느냐?"

잃어버린 양 한 마리

15

1-3 평판이 좋지 않은 많은 사람들이 예수 주변에
머물며, 그분의 말씀을 열심히 듣고 있었다. 바
리새인과 종교 학자들은 이것이 전혀 달갑지 않았다. 그들
은 화가 나서 투덜거렸다. "이 사람이 죄인들을 받아들이고
함께 식사하며, 그들을 오랜 친구처럼 대한다." 그들이 불
평하자 예수께서 다음 이야기를 들려주셨다.

4-7 "너희 가운데 한 사람에게 양 백 마리가 있는데, 한 마리
를 잃어버렸다고 하자. 너희라면 아흔아홉 마리를 들판에
두고서 잃어버린 양 한 마리를 찾아다니지 않겠느냐? 그러

다가 찾으면, 너희는 그 양을 어깨에 메고 즐거워하며 집에 돌아와서는, 친구와 이웃들을 불러 이렇게 말할 것이다. '나와 함께 축하합시다. 내가 잃어버린 양을 찾았습니다!' 내가 분명히 말한다. 구원이 필요하지 않은 아흔아홉 명의 선한 사람보다, 구원받은 죄인 한 사람의 생명으로 인해 천국에는 더 큰 기쁨이 있다."

잃어버린 동전 하나

8-10 "어떤 여자에게 동전 열 개가 있었는데, 하나를 잃어버렸다. 그렇다면 그 여자가 그 동전 하나를 찾을 때까지, 불을 켜고 집을 뒤지며 구석구석 살피지 않겠느냐? 그러다가 찾으면, 틀림없이 친구와 이웃들을 불러 이렇게 말할 것이다. '나와 함께 축하합시다. 내가 잃어버린 동전을 찾았습니다!' 내가 분명히 말한다. 잃어버린 한 영혼이 하나님께 돌아오면, 그때마다 하나님의 천사들이 바로 그와 같이 파티를 벌이며 축하한다."

잃어버린 아들 이야기

11-12 예수께서 말씀하셨다. "어떤 사람에게 두 아들이 있었다. 둘째 아들이 아버지에게 말했다. '아버지, 제가 받을 유산을 지금 당장 주십시오.'

12-16 아버지는 재산을 두 아들의 몫으로 나누었다. 얼마 지나지 않아, 둘째 아들은 짐을 싸서 먼 나라로 떠났다. 거기

서 그는, 제멋대로 방탕하게 살면서 가지고 있던 재산을 다 날려 버렸다. 돈이 다 떨어졌다. 그때에 그 나라 전역에 심한 기근이 들었고, 그는 구차한 형편에 처하게 되었다. 그는 그 나라에 사는 한 사람에게 일감을 얻어, 들판에 나가 돼지 치는 일을 하게 되었다. 그는 배가 너무 고파서 돼지 구정물 속의 옥수수 속대라도 먹고 싶었지만, 그것마저 주는 사람이 없었다.

17-20 그제야 정신을 차린 그가 말했다. '내 아버지 밑에서 일하는 일꾼들도 식탁에 앉아 하루 세 끼를 먹는데, 나는 여기서 굶어 죽는구나. 아버지께 돌아가야겠다. 가서 아버지, 제가 하나님께 죄를 짓고 아버지 앞에 죄를 지었습니다. 저는 아버지의 아들이라 불릴 자격도 없으니, 저를 품꾼으로 받아 주십시오 하고 말씀드리자.' 그는 바로 일어나서 아버지가 있는 집으로 갔다.

20-21 그가 아직 멀리 있는데, 아버지가 그를 보았다. 아버지는 뛰는 가슴으로 달려가, 아들을 끌어안고 입을 맞추었다. 아들이 말했다. '아버지, 저는 하나님께 죄를 짓고 아버지 앞에 죄를 지었습니다. 저는 다시 아버지의 아들이라 불릴 자격이 없습니다.'

22-24 그러나 아버지는 그의 말을 듣지 않았다. 아버지는 종들을 불렀다. '어서 깨끗한 옷 한 벌을 가져다가 이 아들에게 입혀라. 손가락에 집안 반지를 끼우고 발에 신발을 신겨라. 그리고 좋은 사료로 키운 암소를 잡아다가 구워라. 잔치

를 벌여야겠다! 흥겹게 즐겨야겠다! 내 아들이 여기 있다. 죽은 줄 알았는데, 이렇게 살아 있다! 잃어버린 줄 알았는데, 이렇게 찾았다!' 그들은 흥겹게 즐기기 시작했다.

25-27 그 일이 있는 동안에 맏아들은 밭에 나가 있었다. 그가 하루 일을 끝내고 들어오는데, 집 가까이 이르자 음악소리와 춤추는 소리가 들렸다. 그는 종을 불러서 무슨 일인지 물었다. '동생 분이 집에 돌아왔습니다. 그가 무사히 집에 돌아왔다고 주인 어른께서 잔치를 열라고 명하셨습니다. 쇠고기 파티입니다' 하고 종이 말해 주었다.

28-30 맏아들은 분하고 언짢아서, 저만치 물러나 집에 들어가려고 하지 않았다. 아버지가 나와서 그와 이야기하려 했으나, 그는 들으려고 하지 않았다. 아들이 말했다. '제가 집에 남아서 한시도 속을 썩이지 않고 아버지를 모신 것이 몇 년째입니까? 그런데도 아버지는 저와 제 친구들을 위해 잔치 한 번 열어 주신 적이 없습니다. 그런데 아버지의 돈을 창녀들에게 다 날리고 나타난 저 아들에게는 성대한 잔치를 베풀어 주시다니요!'

31-32 아버지가 말했다. '아들아, 네가 모르는 것이 있다. 너는 늘 나와 함께 있으니 내 것이 다 네 것이다. 그러나 지금은 흥겨운 때고, 마땅히 기뻐할 때다. 네 동생은 죽었다가 살아났고, 잃었다가 다시 찾았다!'"

부정직한 관리인 이야기

16

¹⁻² 예수께서 제자들에게 말씀하셨다. "어떤 부자에게 관리인이 있었다. 관리인이 직위를 남용해서 사사로운 지출이 크게 늘고 있다는 보고가 주인에게 들어갔다. 그래서 주인은 그를 불러들여 말했다. '너에 대해 들려오는 이야기가 어찌 된 것이냐? 너를 해고하겠다. 내가 네 장부를 철저히 감사해 볼 것이다.'

³⁻⁴ 그러자 관리인은 속으로 말했다. '관리인 일을 잃었으니 이제 어쩌지? 막노동을 하자니 힘이 없고, 구걸을 하자니 자존심이 상하고……. 그렇지, 좋은 수가 있다. 이렇게 하자……. 그러면 내가 거리에 나앉더라도, 사람들이 나를 자기 집에 들여 줄 것이다.'

⁵ 관리인은 곧장 행동으로 옮겼다. 그는 자기 주인에게 빚진 사람들을 한 사람씩 불렀다. 처음 온 사람에게 관리인이 말했다. '내 주인에게 진 빚이 얼마요?'

⁶ 그가 대답했다. '올리브기름 백 통입니다.'

관리인이 말했다. '지금 당장 여기 앉아서 당신 서류에 오십이라고 쓰시오.'

⁷ 다음 사람에게 말했다. '당신은 무슨 빚을 졌소?'

그가 대답했다. '밀 백 부대입니다.'

그가 말했다. '당신 서류를 가져다가 팔십이라고 쓰시오.'

⁸⁻⁹ 자, 여기에 놀라운 소식이 있다. 주인은 이 부정직한 관리인을 칭찬했다. 왜 그랬겠느냐? 그가 제 앞가림을 할 줄

알았기 때문이다. 세상 물정에 밝은 사람들이, 이 점에 있어
서는 법을 잘 지키는 시민들보다 영리하다. 그들은 늘 빈틈
이 없고, 온갖 수단을 꾀하며, 수완을 발휘해서 살아남는다.
나는 너희도 그런 식으로, 옳은 것을 위해 영리해지기를 바
란다. 모든 역경을 생존을 위한 창조적인 자극제로 삼고, 가
장 본질적인 것에 너희 관심을 집중하여라. 그러면 너희는,
선한 행동에 만족하면서 그저 그렇게 사는 것이 아니라, 참
으로 살게 될 것이다."

하나님은 내면을 보신다

10-13 예수께서 계속해서 말씀하셨다.

너희가 작은 일에 정직하면
큰 일에도 정직할 것이다.
너희가 작은 일을 속이면
큰 일도 속일 것이다.
너희가 작은 일에 정직하지 못하면
누가 너희에게 가게를 맡기겠느냐?
두 명의 사장을 위해 일하는 직원은 없다.
하나는 미워하고 하나는 사랑하거나,
하나는 떠받들고 하나는 얕게 된다.
너희가 하나님과 은행, 둘 다를 섬길 수는 없다.

14-18 돈을 밝히는 무리인 바리새인들이 이 말씀을 들었다. 그들은 눈을 부라리며, 그분을 현실을 모르는 대책 없는 사람으로 치부해 버렸다. 그러자 예수께서 그들에게 말씀하셨다. "너희는 다른 사람들 앞에 자신을 그럴듯하게 보이는 데는 달인이다. 그러나 하나님은 겉모습이 아니라 내면을 보신다.

> 이 사회가 보고 대단하다고 이르는 것을
> 하나님은 꿰뚫어 보시고 터무니없다 하신다.
> 하나님의 율법과 예언자는 요한에서 절정을 이루었다.
> 이제 하나님 나라의 기쁜 소식이 전파된다.
> 이것은 모든 사람의 마음을 끄는 초대다.
> 하나님의 율법이 한 글자라도 닳아 없어지기 전에
> 먼저 하늘이 풀어지고 땅이 녹아내릴 것이다.
> 이혼법 규정을 구실 삼아
> 정욕을 덮으려는 것은 간음이다.
> 결혼법 규정을 구실 삼아
> 정욕을 덮으려는 것도 간음이다."

부자와 나사로

19-21 "어떤 부자가 있었는데, 그는 최신 유행하는 값비싼 옷을 입고 과시적으로 돈을 쓰면서 하루하루를 허비했다. 나사로라는 가난한 사람이 그의 집 문 앞에 버려져 있었는데,

온몸이 종기투성이었다. 부자의 식탁에서 떨어지는 부스러기로 끼니를 때우는 것이 그 인생의 소원이었다. 그에게 다가와서 그 몸에 난 종기를 핥는 개들이 그의 가장 가까운 친구였다.

22-24 그러다가 이 가난한 사람이 죽었고, 천사들에게 이끌려 아브라함의 품에 안겼다. 부자도 죽어서 땅에 묻혔다. 지옥에서 고통받던 부자가, 눈을 들어 멀리 있는 아브라함과 그 품에 안긴 나사로를 보았다. 그가 외쳤다. '아버지 아브라함이여, 불쌍히 여기시고, 자비를 베풀어 주십시오! 나사로를 보내서 그 손가락에 물을 찍어 제 혀를 시원하게 해주십시오. 제가 이 불 속에서 몹시 괴롭습니다.'

25-26 그러자 아브라함이 말했다. '얘야, 너는 사는 동안에 좋은 것을 받았고 나사로는 나쁜 것을 받았다는 사실을 기억하여라. 여기는 그렇지 않다. 여기서는 그가 위로를 받고 너는 고통을 받는다. 게다가, 너희와 우리 사이에 큰 수렁이 있어서, 우리 쪽에서 너희에게 가고 싶어도 갈 수 없고 너희 쪽에서도 아무도 우리에게 건너올 수 없다.'

27-28 부자가 말했다. '그러면 아버지, 부탁이 있습니다. 다섯 형제가 있는 내 아버지 집으로 나사로를 보내 주십시오. 그가 그들에게 진실을 알리고 경고해서, 그들만큼은 이 고통의 자리에 오지 않도록 해주십시오.'

29 아브라함이 대답했다. '그들에게는 진실을 말해 줄 모세와 예언자들이 있다. 그들한테 들으면 된다.'

30 그가 말했다. '저도 압니다, 아버지 아브라함이여. 하지만 그들은 듣지 않습니다. 죽은 자들 가운데서 누군가 일어나 그들에게 간다면, 그들도 자신들의 행실을 고칠 것입니다.' 31 아브라함이 대답했다. '그들이 모세와 예언자들의 말을 듣지 않는다면, 죽은 자들 가운데서 살아난 사람도 그들을 설득할 수 없을 것이다.'"

깨알만한 믿음만 있어도

17 1-2 예수께서 제자들에게 말씀하셨다. "힘든 시련과 유혹이 오게 마련이지만, 누구든지 그것을 초래하는 자는 불행하다! 이 사랑스런 어린아이들 가운데 하나를 괴롭히느니, 차라리 맷돌을 목에 두르고 깊은 바다를 헤엄치는 편이 낫다!

3-4 조심하여라. 네 친구가 잘못하는 것을 보거든, 바로잡아 주어라. 그가 네 지적에 응하거든, 용서하여라. 설령 너에게 하루에 일곱 번 되풀이해서 잘못하더라도, 그가 일곱 번 '미안하네. 다시는 그러지 않겠네' 하거든 용서하여라."

5 사도들이 주님께 다가와서 말했다. "우리에게 더 큰 믿음을 주십시오."

6 그러자 주님께서 말씀하셨다. "너희에게 필요한 것은 더 큰 믿음이 아니다. 더 큰 믿음도 없고 더 작은 믿음도 없다. 너희에게 낱알 하나만한 믿음, 깨알만한 믿음만 있어도, 너희가 이 뽕나무더러 '가서 호수에 뛰어들어라' 하고 말할 수

있다. 너희가 말하면 그렇게 될 것이다.

7-10 너희 가운데 누가 종이 있는데, 그 종이 밭을 갈거나 양을 치고 나서 들어왔다고 해보자. 너희라면 그의 겉옷을 받아 주고 식탁을 차려 주며 그에게 '앉아서 먹어라' 하겠느냐? 오히려 '저녁을 준비하여라. 옷을 갈아입고 내가 커피를 다 마실 때까지 식탁에서 시중들어라. 그런 다음에 부엌에 가서 저녁을 먹어라' 하지 않겠느냐? 종이 당연히 해야 할 일을 했다고 특별히 감사를 받더냐? 너희도 마찬가지다. 너희는 당연히 해야 할 일을 끝내고 나서 '일을 마쳤습니다. 명령하신 대로 우리가 했습니다' 하고 말하여라."

11-13 예수께서 예루살렘으로 가시는 길에, 마침 사마리아와 갈릴리 경계를 넘어가셨다. 예수께서 한 마을에 들어가시다가, 나병환자 열 명을 만나셨다. 그들은 거리를 두고 서서 목소리를 높여 외쳤다. "주 예수여, 우리를 불쌍히 여겨 주십시오."

14-16 예수께서 그들을 유심히 보시며 말씀하셨다. "제사장들에게 가서 너희 몸을 보여라."

그들은 갔고, 가는 길에 그 몸이 깨끗해졌다. 그들 가운데 한 사람이 자기가 나은 것을 알고는, 하나님께 소리 높여 감사하고 영광을 돌리며 가던 길을 되돌아왔다. 어떻게 다 감사해야 할지 몰랐던 그는, 예수의 발 앞에 무릎을 꿇었다. 그는 사마리아 사람이었다.

17-19 예수께서 말씀하셨다. "열 사람이 낫지 않았느냐? 아

홉 사람은 어디 있느냐? 돌아와서 하나님께 영광을 돌린 사람이 이 이방인 말고는 아무도 없느냐?" 예수께서 그에게 말씀하셨다. "일어나, 가거라. 네 믿음이 너를 낫게 하고 너를 구원했다."

인자는 갑작스럽게 온다

20-21 바리새인들이 하나님 나라가 언제 오는지 따져 묻자, 예수께서 대답하셨다. "하나님 나라는 너희가 달력을 보고 날짜를 세고 있다고 해서 오는 것이 아니다. 누가 '여기를 보아라!' 하거나 '저기 있다!' 한다고 해서 오는 것도 아니다. 이유가 무엇이겠느냐? 하나님 나라는 이미 너희 가운데 있기 때문이다."

22-24 예수께서 계속해서 제자들에게 말씀하셨다. "너희가 인자의 날들 중에 단 하루라도 보고 싶어 애타게 사모할 때가 오겠으나, 보지 못할 것이다. 사람들이 너희에게 '저기를 보아라!' 하거나 '여기를 보아라!' 할 것이다. 그런 허튼 말에 절대 속지 마라. 너희가 보러 나간다고 해서 인자가 오는 것을 볼 수 있는 것은 아니다. 인자는 올 때가 되면 온다.

24-25 번개가 한 번만 쳐도 온 하늘이 환해지지 않느냐? 인자의 날도 그럴 것이다. 그러나 먼저 인자가 많은 고난을 당하고, 이 시대 사람들에게 버림받아야 한다.

26-27 인자의 때도 노아의 때와 똑같을 것이다. 노아가 방주에 오르던 그날까지도, 사람들은 모두 평소처럼 지내며 시

시덕거리고 즐겼다. 홍수가 나서 모든 것을 쓸어버릴 때까지, 그들은 아무런 낌새도 채지 못했다.

28-30 롯의 때도 마찬가지였다. 롯이 소돔에서 나오고 화염이 폭풍처럼 쏟아져 모든 것을 바싹 태우던 그날까지도, 사람들은 평소대로 시시덕거리고 즐겼다. 인자가 나타나는 때도 그처럼 갑작스럽고 전면적일 것이다.

31-33 그날이 올 때에 너희가 마당에서 일하고 있거든, 무엇을 가지러 집으로 들어가지 마라. 밭에 나가 있거든, 겉옷을 가지러 돌아가지 마라. 롯의 아내가 어떻게 되었는지 기억하여라! 너희가 너희의 목숨을 붙잡고 매달리면 목숨을 잃겠지만, 그 목숨을 놓으면 하나님의 목숨을 얻을 것이다.

34-35 그날에 두 남자가 한 배에서 고기를 잡다가, 한 사람은 데려가고 다른 한 사람은 남겨질 것이다. 두 여자가 한 부엌에서 일하다가, 한 사람은 데려가고 다른 한 사람은 남겨질 것이다."

37 제자들이 이 모든 말씀을 받아들이려는 마음에서 말했다. "주님, 어디에서 그런 일이 있겠습니까?"

예수께서 그들에게 말씀하셨다. "독수리들이 맴도는 곳을 잘 보아라. 독수리들이 먼저 시체를 찾아낼 것이다. 그 일은 내 주검 주위에서 시작될 것이다."

끈질긴 과부 이야기

18

¹⁻³ 예수께서 그들에게 끈질기게 기도하고 절대 포기하지 말아야 할 것을 가르치려고 이야기를 들려주셨다. 예수께서 말씀하셨다. "어떤 도시에 하나님을 전혀 의식하지 않고 사람들도 안중에 없는 재판관이 있었다. 그 도시에 사는 한 과부가 계속해서 그를 찾아왔다. '내 권리가 침해받고 있으니 나를 보호해 주십시오!'

⁴⁻⁵ 재판관은 그 과부를 거들떠보지도 않았다. 그러나 과부가 계속해서 찾아오자 재판관은 이렇게 혼잣말을 했다. '나는 하나님이 어떻게 생각하는지 전혀 관심도 없고, 사람들의 생각은 더 말할 것도 없다. 그런데 이 과부가 끝까지 나를 귀찮게 할 텐데, 뭔가 조치를 취해서 이 여자가 정당한 대우를 받도록 해주는 편이 차라리 낫겠다. 그러지 않으면, 이 여자의 집요한 펀치에 내가 시퍼렇게 멍이 들고 말겠다.'"

⁶⁻⁸ 주님께서 말씀하셨다. "너희는 이 불의한 재판관이 하는 말을 들었느냐? 그렇다면 너희는, 도움을 구하며 끊임없이 부르짖는 택하신 백성을 위해 하나님이 개입하셔서 정의를 이루어 주시리라고 왜 생각지 않느냐? 하나님이 자기 백성의 권리를 지켜 주시지 않겠느냐? 내가 보장한다. 하나님이 반드시 그렇게 해주실 것이다. 그분은 질질 끌지 않으실 것이다. 그러나 인자가 다시 올 때에 그처럼 끈질긴 믿음을 이 땅에서 얼마나 찾을 수 있겠느냐?"

세금 징수원과 바리새인의 기도

9-12 자신의 도덕적 행위에 흡족해 하며 자만심에 빠져서 보통 사람들을 업신여기는 사람들에게, 예수께서 다음 이야기를 들려주셨다. "두 사람이 기도하러 성전에 올라갔다. 한 사람은 바리새인이고, 다른 한 사람은 세금 징수원이었다. 바리새인은 자세를 잡고 이렇게 기도했다. '오 하나님, 내가 다른 사람과 같지 않으니 감사합니다. 강도나 사기꾼이나 간음하는 자나, 행여 이 세금 징수원과도 같지 않으니 감사합니다. 나는 일주일에 두 번 금식하고 모든 수입의 십일조를 드립니다.'

13 한편, 후미진 곳에 구부정하게 웅크려서 두 손으로 얼굴을 감싸고 있던 세금 징수원은, 감히 고개도 들지 못한 채 말했다. '하나님, 불쌍히 여겨 주십시오. 이 죄인을 용서해 주십시오.'"

14 예수께서 설명을 덧붙이셨다. "하나님과 바른 관계가 되어 집으로 돌아간 사람은, 다름 아닌 세금 징수원이다. 너희가 고개를 쳐들고 거만하게 다니면, 결국 코가 납작해지고 말 것이다. 그러나 너희가 자신의 모습을 있는 그대로 인정하면, 너희는 자기 자신보다 큰 존재가 될 것이다."

❈

15-17 사람들이 예수께서 만져 주시기를 바라며, 그분께 아이들을 데려왔다. 제자들이 그것을 보고는 그들을 쫓아냈다.

그러자 예수께서 그들을 다시 부르셨다. "이 아이들을 그냥
두어라. 아이들과 나 사이에 끼어들지 마라. 이 아이들은 천
국의 자랑이며 기쁨이다. 명심하여라. 너희가 하나님 나라
를 아이처럼 단순하게 받아들이지 않으면, 절대로 그 나라
에 들어갈 수 없다."

부자와 하나님 나라

¹⁸ 하루는 한 지방 관리가 예수께 물었다. "선하신 선생님, 제
가 무엇을 해야 영원한 생명에 들어갈 자격을 얻겠습니까?"
¹⁹⁻²⁰ 예수께서 말씀하셨다. "어째서 나를 선하다고 하느냐?
오직 하나님 한분 외에는 선하신 분이 없다. 계명에 '간음하
지 마라, 살인하지 마라, 도둑질하지 마라, 거짓말하지 마
라, 네 부모를 공경하라' 하지 않았더냐?"
²¹ 그가 말했다. "선생님, 제가 기억하기로는, 그 계명들은
제가 다 지켰습니다."
²² 예수께서 그 말을 들으시고 말씀하셨다. "그렇다면 남은
일은 하나뿐이다. 네가 가진 것을 다 팔아서 가난한 사람들
에게 거저 주어라. 그러면 네가 하늘의 부를 갖게 될 것이
다. 그런 다음 와서 나를 따라라."
²³ 그것은 그 관리가 전혀 예상치 못한 말이었다. 큰 부자인
그는 몹시 근심했다. 그는 많은 것을 움켜쥐고 있었고, 그것
을 놓을 마음이 없었다.
²⁴⁻²⁵ 예수께서 그의 반응을 보시고 말씀하셨다. "많이 가진

사람이 하나님 나라에 들어가는 것이 얼마나 어려운지 아느
냐? 부자가 하나님 나라에 들어가는 것보다, 낙타가 바늘귀
로 지나가는 것이 더 쉽다."

26 다른 사람들이 물었다. "그러면 어느 누가 가망이 있겠습
니까?"

27 예수께서 말씀하셨다. "너희 힘으로 해낼 수 있다고 생각
하면 전혀 가망이 없다. 그러나 하나님께서 하실 수 있다고
믿으면 얼마든지 가능한 일이다."

28 베드로가 이야기의 주도권을 다시 잡으려고 이렇게 말했
다. "우리는 가진 것을 다 버리고 주님을 따랐습니다. 그렇
지 않습니까?"

29-30 예수께서 말씀하셨다. "그렇다. 너희는 절대 후회하지
않을 것이다. 집과 배우자와 형제자매와 부모와 자식과 그
무엇을 희생하고서 손해 볼 사람은 아무도 없다. 너희 평생
에 그 모든 것을 여러 배로 돌려받을 것이다. 영원한 생명도
덤으로 받을 것이다!"

눈먼 사람을 고치시다

31-34 그 후에 예수께서 열두 제자를 따로 한쪽으로 데리고
가셔서 말씀하셨다. "잘 들어라. 우리는 지금 예루살렘으로
올라가는 길이다. 인자에 대해 예언에 기록된 것이 모두
이루어질 것이다. 사람들이 인자를 로마 사람들에게 넘겨주
어, 조롱하고 놀리고 침 뱉을 것이다. 그리고 인자를 고문한

뒤에 죽일 것이다. 그러나 사흘 후에 인자는 다시 살아날 것이다." 하지만 제자들은 깨닫지 못했고, 예수께서 무슨 말을 하시는지 전혀 감을 잡지 못했다.

35-37 예수께서 여리고 외곽에 이르셨다. 한 눈먼 사람이 길가에 앉아서 구걸하고 있었다. 그는 무리가 술렁이는 소리를 듣고, 무슨 일인지 물었다. 사람들이 그에게 말했다. "나사렛 예수께서 지나가신다."

38 그러자 그가 갑자기 소리쳤다. "예수여! 다윗의 자손이여! 불쌍히 여겨 주십시오. 저를 불쌍히 여겨 주십시오!"

39 앞서 가던 사람들이 그에게 조용하라고 했으나, 그는 오히려 더 크게 소리쳤다. "다윗의 자손이여! 불쌍히 여겨 주십시오. 저를 불쌍히 여겨 주십시오!"

40 예수께서 걸음을 멈추시고 그를 데려오라고 말씀하셨다. 그가 가까이 오자, 예수께서 물으셨다. "내게 무엇을 원하느냐?"

41 그가 말했다. "주님, 다시 보기 원합니다."

42-43 예수께서 말씀하셨다. "다시 보아라! 네 믿음이 너를 구원했고 낫게 했다!" 그는 즉시 고침을 받았다. 그가 고개를 들어서 보니, 앞이 보였다. 그는 하나님께 영광을 돌리며 예수를 따라갔다. 길가에 있는 사람들도 모두 합류하여, 큰 소리로 하나님을 찬양했다.

삭개오

19

¹⁻⁴ 예수께서 여리고에 들어가 걷고 계셨다. 삭개오라는 사람이 거기에 있었는데, 그는 세금 징수원의 우두머리이자 상당한 부자였다. 그는 예수를 보고 싶은 마음이 간절했으나, 무리 때문에 시야가 가렸다. 키가 작아서 사람들 너머로 볼 수가 없었다. 그는 예수께서 지나가실 때 보려고 먼저 달려가 뽕나무에 올라갔다.

⁵⁻⁷ 예수께서 나무 밑에 오셔서, 올려다보며 말씀하셨다. "삭개오야, 어서 내려오너라. 오늘은 내가 네 집에 묵어야겠다." 삭개오는 자신의 행운이 도저히 믿기지 않았다. 그는 나무에서 내려와, 기쁜 마음으로 예수를 자기 집에 모셨다. 그 일을 본 사람들이 하나같이 분개하며 투덜거렸다. "저분이 무슨 일로 이 사기꾼 같은 사람을 가까이하는가?"

⁸ 삭개오는 놀라서 그냥 그 자리에 서 있었다. 그가 더듬거리며 사죄했다. "주님, 제 수입의 절반을 가난한 사람들에게 거저 주겠습니다. 그리고 제가 남을 속인 일이 있으면, 그 피해액을 네 배로 보상하겠습니다."

⁹⁻¹⁰ 예수께서 말씀하셨다. "오늘은 이 집에 구원이 임한 날이다! 여기 아브라함의 자손 삭개오가 있다! 인자는 잃어버린 자를 찾아 회복시키려고 왔다."

투자금 이야기

¹¹ 그들이 말씀에 집중하고 있을 때, 예수께서 다음 이야기

를 들려주셨다. 그렇게 하신 것은, 사람들이 예루살렘 가까이 이르면서, 하나님 나라가 금방이라도 나타날 것 같은 기대감으로 고조되어 있었기 때문이다.

12-13 "왕가의 자손인 사람이 있었는데, 그는 자신의 통치권을 위임받기 위해 멀리 본국까지 다녀와야 했다. 그는 먼저 종 열 명을 한곳에 불러 모아 각 사람에게 돈을 얼마씩 주면서, '내가 돌아올 때까지 이 돈을 잘 운용하여라' 하고 지시했다.

14 그런데 그곳 사람들은 그를 미워했다. 그래서 그들은 그의 통치에 반대하는 탄원서를 작성하여 사절단에게 들려서 보냈다. '우리는 이 사람이 우리를 다스리는 것을 원치 않습니다.'

15 통치권을 위임받고 돌아온 그는, 돈을 맡겼던 종 열 명을 불러, 그들이 돈을 어떻게 운용했는지 알아보았다.

16 첫 번째 종이 말했다. '주인님, 주인님의 돈을 두 배로 늘렸습니다.'

17 그가 말했다. '착한 종아! 잘했다! 네가 이 작은 일을 믿음직스럽게 해냈으니, 내가 너를 열 성읍을 다스리는 자로 삼겠다.'

18 두 번째 종이 말했다. '주인님, 주인님의 돈으로 절반의 수익을 남겼습니다.'

19 그가 말했다. '내가 네게 다섯 성읍을 맡기겠다.'

20-21 다음 종이 말했다. '주인님, 여기 주인님의 돈을 안전하게 가져왔습니다. 저는 그 돈을 지하실에 숨겨 두었습니다.

솔직히 말씀드리면, 저는 두려웠습니다. 제가 알기로, 주인님은 기준이 높고 적당히 하는 것을 싫어하며, 어리석은 짓을 용서하지 않으십니다.'

²²⁻²³ 그가 말했다. '네 말대로 나는 어리석은 짓을 용서하지 않는다. 그런데 너는 어리석은 짓을 했구나! 왜 너는 그 돈을 안전한 곳에라도 투자하지 않았느냐? 그랬더라면 조금이라도 이득을 보았을 것이다.'

²⁴ 그가 거기 서 있는 사람들에게 말했다. '이 자의 돈을 빼앗아 내 돈을 두 배로 늘린 종에게 주어라.'

²⁵ 그들이 말했다. '하지만 주인님, 그 사람은 이미 두 배를 가지고 있습니다……'

²⁶ 그가 말했다. '내 말이 그 말이다. 너희가 목숨을 걸면 상상도 못할 만큼 많이 받게 된다. 그러나 안전에 급급하면 빈털터리가 되고 만다.

²⁷ 나의 통치에 반대하는 탄원을 했던 이 원수들을 여기서 끌어내어라. 다시는 여기서 그들의 얼굴을 보고 싶지 않다.'"

예루살렘 입성

²⁸⁻³¹ 이 말씀을 하시고 나서, 예수께서 곧장 예루살렘으로 향하셨다. 올리브 산에 있는 벳바게와 베다니에 이르렀을 때, 예수께서 두 제자를 보내시며 지시하셨다. "맞은편 마을로 가거라. 들어가서 보면, 아직 아무도 타 보지 않은 나귀 새끼가 줄에 매여 있을 것이다. 줄을 풀어서 끌고 오너

라. '왜 그러시오?' 하고 누가 묻거든, '이 나귀의 주님께서 필요로 하십니다' 하여라."

32-33 두 제자가 가서 보니 예수께서 말씀하신 그대로였다. 그들이 나귀 새끼의 줄을 풀고 있는데, 나귀의 주인들이 말했다. "그 나귀 새끼의 줄은 왜 푸는 것이오?"

34 제자들이 말했다. "이 나귀의 주님께서 필요로 하십니다."

35-36 제자들이 나귀 새끼를 예수께로 끌고 와서, 그 위에 자기 겉옷을 펴고 그분을 태웠다. 예수께서 나귀에 오르시자, 사람들이 길 위에 자기 겉옷을 펼치며 그분을 대대적으로 환영했다.

37-38 올리브 산이 내리막길로 접어드는 등성이에서, 제자의 온 무리가 그들이 목격한 놀라운 일들로 인해 열광적으로 찬양을 터뜨렸다.

복되다, 하나님의 이름으로
오시는 왕이여!
하늘에는 모든 것이 형통!
가장 높은 곳에는 영광!

39 무리 가운데 몇몇 바리새인들이 예수께 말했다. "선생님, 당신의 제자들을 단속하십시오."

40 그러자 예수께서 말씀하셨다. "이들이 잠잠하면, 돌들이 대신 소리쳐 찬양할 것이다."

41-44 도시가 눈에 들어오자, 예수께서 그 도시를 보고 우셨다. "네게 유익한 모든 것을 오늘 네가 알았더라면 좋았을 텐데! 그러나 이제 너무 늦었다. 앞으로 네 원수들이 포병대를 몰고 와서 너를 포위하고 사방에서 치고 들어올 것이다. 그들이 너와 네 아이들을 바닥에 메어칠 것이다. 돌 하나도 그대로 남지 않을 것이다. 이 모두가, 너를 직접 찾아오신 하나님을 네가 알아보지도 않고 맞아들이지도 않았기 때문이다."

45-46 예수께서 성전에 들어가셔서, 거기에 상점을 차려 놓고 온갖 잡다한 것을 파는 사람들을 모두 쫓아내셨다. 예수께서 말씀하셨다. "성경에 이렇게 기록되었다.

내 집은 기도하는 집이다.
그런데 너희는 그곳을 종교 시장으로 바꾸어 놓았다."

47-48 그때부터 예수께서 날마다 성전에서 가르치셨다. 대제사장과 종교 학자와 백성의 지도자들은 예수를 제거할 방법을 찾으려고 혈안이 되어 있었다. 그러나 그분의 말씀을 한 마디라도 놓칠세라 경청하는 백성 때문에 그들도 어찌할 수 없었다.

20

1-2 하루는 예수께서 성전에서 백성을 가르치며, **메시지**를 선포하고 계셨다. 대제사장과 종교 학자와 지도자들이 그분께 맞서며 따졌다. "당신의 신임장을 보여주시오. 누구의 권한으로 이렇게 말하고 행동하는 겁니까?"

3-4 예수께서 대답하셨다. "먼저 한 가지 묻겠다. 요한의 세례에 관한 것인데, 그것이 누구에게서 온 권한이냐? 하늘이냐, 사람이냐?"

5-7 그들은 자기들이 궁지에 몰린 것을 알아차리고는, 뒤로 물러나와 모여서 수군거렸다. "하늘이라고 하면 왜 요한을 믿지 않았느냐고 물을 것이고, 사람이라고 하면 요한을 하나님의 예언자로 굳게 믿고 있는 백성이 우리를 갈기갈기 찢어 놓을 것이다." 그들은 이번은 예수께 양보하기로 하고, 자신들은 모른다고 말했다.

8 예수께서 말씀하셨다. "그렇다면 나도 너희의 물음에 대답하지 않겠다."

못된 소작농들 이야기

9-12 예수께서 백성에게 또 다른 이야기를 들려주셨다. "어떤 사람이 포도원을 세우고, 그 포도원을 소작농들에게 맡기고 먼 길을 떠났다. 그는 오랜 시간 동안 떠나 있다가, 때가 되자 수확하려고 소작농들에게 종을 한 사람 보냈다. 그러나 소작농들은 그 종을 마구 때려 빈손으로 돌려보냈다. 주

인이 다시 한번 다른 종을 보내자. 소작농들은 그 종도 멍이 들도록 때려 빈손으로 돌려보냈다. 주인이 세 번째로 종을 보내자, 소작농들은 그 종을 머리부터 발끝까지 두들겨 패서 길거리에 내다 버렸다.

13 그러자 포도원 주인이 말했다. '이렇게 해야겠다. 내 사랑하는 아들을 보내자. 저들이 내 아들만큼은 존중하겠지.'

14-15 그러나 아들이 오는 것을 본 소작농들은 재빨리 머리를 맞대고 의논했다. '지금이 기회다. 이 자는 상속자다! 그를 죽이고 우리가 재산을 다 차지하자.' 그들은 그 아들을 죽여서 울타리 밖으로 내던졌다.

15-16 너희 생각에는 포도원 주인이 어떻게 할 것 같으냐? 맞다. 그가 와서 그들을 다 없애 버릴 것이다. 그리고 포도원 관리는 다른 사람들에게 맡길 것이다."

듣고 있던 사람들이 말했다. "아닙니다! 그렇게 하면 안됩니다!"

17-18 그러나 예수께서는 물러서지 않으셨다. "그렇다면 너희는 이 말씀이 왜 기록되었다고 생각하느냐?

석공들이 내버린 돌이
이제 모퉁잇돌이 되었다!

누구든지 이 돌 위에 걸려 넘어지는 사람은 그 몸의 뼈가 다 부러질 것이요, 이 돌이 그 사람 위에 떨어지면 그는 완전히 가루가 될 것이다."

¹⁹ 종교 학자와 대제사장들은 당장 예수를 잡고 싶었으나, 여론이 두려웠다. 그들은 그분의 이야기가 자기들을 두고 한 것임을 알았다.

황제의 것, 하나님의 것

²⁰⁻²² 예수를 잡을 기회를 노리던 그들은, 정탐꾼들을 보내어 짐짓 정당한 질문을 던지는 사람인 양 행세하게 했다. 그들은 그분을 속여서 율법에 저촉될 만한 발언을 하게 만들 속셈이었다. 그래서 예수께 물었다. "선생님, 우리가 알기로 당신은 솔직하고 정직하게 가르치며, 아무에게도 비위를 맞추지 않고, 하나님의 도를 정확히 가르칩니다. 그러니 우리한테 말해 주십시오. 황제에게 세금을 내는 것이 법에 맞습니까, 맞지 않습니까?"

²³⁻²⁴ 예수께서 그들의 의도를 아시고 이렇게 말씀하셨다. "동전 하나를 내게 보여라. 여기 새겨진 얼굴이 누구 얼굴이냐? 그리고 뭐라고 써 있느냐?"

²⁵ "황제입니다." 그들이 말했다.

예수께서 말씀하셨다. "그렇다면 황제의 것은 황제에게 주고, 하나님의 것은 하나님께 드려라."

²⁶ 아무리 애를 써 보아도, 그들은 예수께 죄를 뒤집어씌울 만한 발언을 유도해 낼 수 없었다. 그분의 대답은 그들의 허를 찔렀고, 그들의 말문을 막아 버렸다.

부활에 관한 가르침

²⁷⁻³³ 부활의 가능성을 일절 부인하는 유대교 분파인 사두개파 사람 몇이 다가와서 물었다. "선생님, 모세는 기록하기를, 남자가 자식 없이 아내를 두고 죽으면 그 동생이 형수와 결혼해서 자식을 낳아 줄 의무가 있다고 했습니다. 한번은 일곱 형제가 있었습니다. 맏이가 결혼했는데, 자식 없이 죽었습니다. 둘째가 형수와 결혼했으나 죽었고, 셋째도 그러했습니다. 일곱 형제가 다 차례대로 그렇게 했으나, 자식이 없었습니다. 마지막에는 여자도 죽었습니다. 그렇다면, 부활 때에 그 여자는 누구의 아내가 됩니까? 일곱 형제가 다 그 여자와 결혼했습니다."

³⁴⁻³⁸ 예수께서 말씀하셨다. "이 땅에서는 결혼이 중대한 관심사지만 저 세상에서는 그렇지 않다. 죽은 사람들의 부활에 참여하는 사람들에게 결혼은 더 이상 관심사가 못된다. 죽음도 마찬가지다. 너희야 믿지 않겠지만, 그들에게는 더 나은 관심사가 있다. 그때에는 하나님과 최고의 기쁨과 친밀감을 나눌 것이다. 모세도 불붙은 떨기나무 앞에서 부활에 관해 외치기를, '아브라함의 하나님, 이삭의 하나님, 야곱의 하나님!'이라고 했다. 하나님은 죽은 자의 하나님이 아니라, 산 자의 하나님이시다. 그분께는 모두가 살아 있다."

³⁹⁻⁴⁰ 몇몇 종교 학자들이 말했다. "선생님, 훌륭한 답입니다!" 한동안 아무도 그분께 묻는 사람이 없었다.

❧

⁴¹⁻⁴⁴ 그 후에 예수께서 그들에게 물으셨다. "어째서 사람들이 메시아를 다윗의 자손이라고 하느냐? 다윗은 시편에 분명히 말했다.

하나님께서 내 주님께 말씀하셨다.
"내가 네 원수들을 네 발아래에 둘 때까지
너는 여기 내 오른편에 앉아 있어라."

다윗이 여기서 메시아를 '내 주님'이라고 부르는데, 메시아가 어떻게 다윗의 자손이 될 수 있느냐?"

⁴⁵⁻⁴⁷ 모든 사람이 듣는 가운데, 예수께서 제자들에게 말씀하셨다. "종교 학자들을 조심하여라. 그들은 가운을 입고 다니며, 사람들의 치켜세우는 말에 우쭐하고, 중요한 자리를 차지하면서 교회의 모든 행사에서 상석에 앉기를 좋아한다. 언제나 그들은 연약하고 무력한 사람들을 착취한다. 그들의 기도가 길어질수록, 그들의 상태는 더 나빠진다. 마지막에 그들은 그 값을 치르게 될 것이다."

21 ¹⁻⁴ 예수께서 눈을 들어 부자들이 헌금함에 헌금 넣는 것을 보셨다. 그 후에 한 가난한 과부가 동

전 두 개를 헌금함에 넣는 것을 보셨다. 예수께서 말씀하셨다. "과연, 이 과부가 오늘 가장 많은 헌금을 드렸다. 다른 사람들은 아깝지 않을 만큼 헌금했지만, 이 여자는 자기 형편보다 넘치도록 드렸다. 자신의 전부를 드린 것이다."

사이비 종말론자들을 조심하여라

5-6 하루는 사람들이 모여서 성전에 대해 이야기하고 있었다. 그들은 성전이 정말 아름답고 성전의 석조물과 기념 헌물들이 수려하다고 말했다. 예수께서 말씀하셨다. "너희가 그토록 감탄하는 이 모든 것, 이 성전의 돌 하나하나가 결국 잔해 더미가 되고 말 것이다."

7 그들이 예수께 물었다. "선생님, 그런 일이 언제 일어나겠습니까? 그런 일이 일어나려고 할 때 우리에게 어떤 징조가 있겠습니까?"

8-9 예수께서 말씀하셨다. "사이비 종말론자들을 조심하여라. 많은 지도자들이 정체를 숨기고 나타나서, '내가 그다'라고 하거나 또는 '종말이 가까이 왔다'고 주장할 것이다. 그런 말에 절대 속지 마라. 전쟁과 폭동의 소문이 들리거든, 당황하지 말고 침착하여라. 그것은 역사에 늘 반복되는 일일 뿐, 아직 종말의 징조는 아니다."

10-11 예수께서 계속 말씀하셨다. "나라와 나라가 싸우고 통치자와 통치자가 싸우는 일이 계속될 것이다. 곳곳마다 큰 지진이 있을 것이다. 기근도 있을 것이다. 너희는 이따금 하

늘이 무너지는 것 같을 것이다.

12-15 그러나 이런 일이 일어나기 전에, 사람들이 너희를 체포하고 박해하며 법정과 감옥으로 끌고 갈 것이다. 세상이 살벌해져서, 내 이름을 전한다는 이유로, 모두가 너희를 물어뜯을 것이다. 너희는 결국 증인석에 서서 증언을 하도록 요구받을 것이다. 너희는 그 일로 걱정하지 않겠다고 지금 결심하여라. 내가 너희에게 말과 지혜를 줄 것이니, 너희를 고소하는 자들 모두가 맞서도 너희 말을 이기지 못할 것이다.

16-19 심지어, 부모와 형제와 친척과 친구들마저 너희를 넘겨줄 것이다. 너희 가운데 일부는 죽임을 당할 것이다. 나 때문에 너희를 미워할 사람이 누구인지 아무도 모른다. 그렇더라도 너희 몸과 영혼의 사소한 모든 것까지—심지어 너희의 머리카락까지도—내가 보살핀다. 너희는 아무것도 잃지 않을 것이다. 그대로 견뎌라. 그것이 너희가 해야 할 일이다. 끝까지 견뎌라. 그러면 너희는 절대 후회하지 않을 것이고, 결국 구원을 받을 것이다."

징벌의 날

20-24 "군대가 예루살렘을 둘러 진 친 것을 보거든, 너희는 예루살렘의 멸망이 가까운 줄 알아라. 그때에 너희가 유대에 살고 있거든, 산으로 달아나거라. 도시에 있거든, 빨리 빠져나가거라. 밭에 나가 있거든, 겉옷을 가지러 집으로 가지 마라. 그날은 징벌의 날이다. 그날에 대해 기록된 것이 다 이

루어질 것이다. 특히 임신부와 젖 먹이는 어머니들이 힘들 것이다. 끔찍한 고통, 맹렬한 진노다! 사람 목숨이 파리 목숨이 될 것이다. 사람들이 감옥으로 끌려갈 것이다. 나라들이 그 맡은 일을 끝내기까지 예루살렘은 이방인들의 발에 짓밟힐 것이다.

25-26 마치 지옥이 온통 풀려난 것처럼 보일 것이다. 해와 달과 별과 땅과 바다가 요란하여, 온 세상 모든 사람이 공포에 질릴 것이다. 파멸의 위협 앞에서 사람들의 숨이 막히고, 권력자들은 두려워 떨 것이다.

27-28 그때에야—그때에야!—사람들이 인자가 성대하게 환영받으며 오는 모습을 보게 될 것이다. 영광스러운 환영일 것이다! 이 모든 일이 벌어지기 시작하거든, 일어서거라. 고개를 들고 당당히 서거라. 구원이 가까이 온 것이다!"

29-33 예수께서 이야기를 들려주셨다. "무화과나무를 보아라. 다른 나무도 다 마찬가지다. 잎이 나기 시작하면, 너희는 한 번만 보아도 여름이 가까이 다가온 줄 안다. 이 일도 마찬가지다. 이런 일이 일어나는 것을 보거든, 하나님 나라가 가까이 온 줄 알아라. 이것은 가볍게 여길 일이 아니다. 내가 지금 하는 말은, 어느 훗날의 세대에게만 주는 말이 아니라 이 세대에게도 주는 말이다. 이 일들은 반드시 이루어진다. 하늘과 땅은 닳아 없어져도, 내 말은 닳아 없어지지 않을 것이다.

34-36 너희는 조심하여라. 너희의 예민한 기대감이 파티와 음

주와 쇼핑 때문에 무뎌지지 않게 하여라. 그렇지 않으면, 그
날이 불시에 너희를 덮치고, 덫과 같이 갑자기 너희를 잡을
것이다. 그날은, 모든 곳에서 모든 사람에게 동시에 임할 것
이다. 그러니, 너희는 무엇을 하든, 방심하지 마라. 닥쳐올
모든 일을 끝까지 견뎌 내고, 마침내 인자 앞에 설 힘과 분
별력을 얻도록 끊임없이 기도하여라."

³⁷⁻³⁸ 예수께서는 낮이면 성전에서 가르치시고, 밤이면 나가
서 올리브 산에서 지내셨다. 모든 백성이 새벽같이 일어나
성전으로 가서, 그분의 말씀을 들었다.

유월절 식사

22 ¹⁻² 유월절이라고 하는 무교절이 다가왔다. 대제
사장과 종교 학자들은 예수를 없앨 방도를 찾고
있었으나, 백성이 두려운 나머지 자신들의 행동을 숨길 방
법도 함께 찾고 있었다.

³⁻⁶ 그때에, 사탄이 열두 제자 가운데 하나인 가룟 유다에게
들어갔다. 그는 다른 제자들을 떠나 대제사장들과 성전 경
비대에게 가서, 예수를 넘길 방법을 함께 의논했다. 그들은
자신들의 행운이 믿기지 않았고, 그에게 두둑이 보상하기로
약속했다. 유다는 그들과 약속을 하고서, 그때부터 무리의
눈을 피해 예수를 넘길 방도를 찾기 시작했다.

⁷⁻⁸ 유월절 양을 잡는 무교절이 되었다. 예수께서 베드로와
요한을 보내며 말씀하셨다. "가서 우리가 함께 먹을 수 있도

록 유월절을 준비하여라."

⁹ 그들이 말했다. "우리가 어디에다 준비하기 원하십니까?"

¹⁰⁻¹² 예수께서 말씀하셨다. "시내로 들어가면서 주의하여 잘 보아라. 그러면 물 한 동이를 지고 가는 사람을 만날 것이다. 그를 따라 집으로 가서, 집 주인에게 '선생님께서, 제자들과 함께 유월절 식사를 할 방이 어디 있느냐고 물어보십니다' 하고 말하여라. 그가 너희에게 이미 청소를 마친 넓은 다락방을 보여줄 것이다. 거기서 식사를 준비하여라."

¹³ 제자들이 가 보니, 모든 것이 예수께서 말씀하신 그대로였다. 그들은 유월절 식사를 준비했다.

¹⁴⁻¹⁶ 시간이 되자, 예수께서 자리에 앉으시고 모든 사도가 함께 앉았다. 예수께서 말씀하셨다. "내가 고난의 때에 들어가기 전에, 너희와 이 유월절 식사를 함께하기를 얼마나 기다렸는지 너희는 모를 것이다. 우리가 하나님 나라에서 다 함께 먹기까지는, 이것이 내가 먹는 마지막 유월절 식사다."

¹⁷⁻¹⁸ 예수께서 잔을 들어 축복하시고 말씀하셨다. "이 잔을 받아 돌아가면서 나누어 마셔라. 하나님 나라가 올 때까지, 내가 다시는 포도주를 마시지 않을 것이다."

¹⁹ 예수께서 빵을 들어 축복하시고, 떼어서 그들에게 주시며 말씀하셨다. "이 빵은 너희를 위해 주는 내 몸이다. 나를 기념하여 이 빵을 먹어라."

²⁰ 저녁식사 후에 예수께서 잔을 가지고 똑같이 하시며 말씀하셨다. "이 잔은 너희를 위해 붓는, 내 피로 쓴 새 언약이다.

²¹⁻²² 나를 배반할 사람의 손이 지금 이 식탁 위에 있는 것을 너희는 아느냐? 인자는 이미 정해진 길을 가는 것이니, 이 것이 전혀 뜻밖의 일은 아니다. 그러나 인자를 배반하여 넘겨줄 그 사람에게는, 오늘이 파멸의 날이다!"

²³ 그들은 그런 일을 할 자가 누구인지 궁금해서, 서로 의심하며 묻기 시작했다.

고난에 대비하여라

²⁴⁻²⁶ 제자들이 자기들 가운데 누가 가장 크게 될지를 두고 말다툼을 벌였다. 그러자 예수께서 개입하셨다. "왕들은 위세 부리기를 좋아하고, 권세 가진 사람들은 거창한 호칭 달기를 좋아한다. 너희는 그래서는 안된다. 너희 가운데 선배는 후배처럼 되고, 지도자는 종의 역할을 맡아라.

²⁷⁻³⁰ 저녁식사를 하는 사람과 시중드는 사람 가운데, 너희는 어느 쪽이 되고 싶으냐? 너희라면 시중 받으면서 식사를 하고 싶지 않겠느냐? 그러나 나는 너희 가운데서 섬기는 자리에 있었다. 너희는 크고 작은 시련 중에도 끝까지 나에게 충실했다. 이제 나는, 내 아버지께서 내게 주신 왕의 권세를 너희에게 준다. 그리하여 너희는 내 나라에서 내 식탁에 앉아 먹고 마시며, 하나님 백성의 회중 가운데서 책임을 감당할 힘을 얻게 될 것이다.

³¹⁻³² 시몬아, 방심하지 마라. 사탄이 밀에서 겨를 가려내듯이, 너희 모두를 내게서 떼어 놓으려고 안간힘을 썼다. 시몬

아, 네가 굴복하거나 지쳐 쓰러지지 않도록 내가 특히 너를
위해 기도했다. 네가 시험의 시기를 다 통과하거든, 네 동료
들이 새 출발을 할 수 있도록 도와주어라."

33 베드로가 말했다. "주님, 주님과 함께라면 저는 무엇이든
지 할 각오가 되어 있습니다. 주님을 위해서라면 감옥에라
도 가겠습니다. 주님을 위해 죽기까지 하겠습니다!"

34 예수께서 말씀하셨다. "베드로야, 안됐지만 네게 이 말을
해야겠다. 수탉이 울기 전에, 네가 나를 모른다고 세 번 부
인할 것이다."

35 예수께서 말씀하셨다. "내가 너희를 보내면서, 꼭 필요한
것만 가지고 가볍게 다니라고 했을 때에, 너희에게 문제가
없었느냐?"

그들이 말했다. "물론입니다. 아무 문제없이 잘 지냈습니다."

36-37 예수께서 말씀하셨다. "이번에는 다르다. 고난에 대비
하여라. 힘든 시기가 닥쳐올 테니, 필요한 것을 챙겨라. 너
희 겉옷을 전당 잡혀서 칼을 구하여라. '그는 범죄자들과
한 무리로 여겨졌다'고 기록된 성경 말씀의 최종 의미는 나
에게서 완성된다. 나에 대해 기록된 모든 것이 이제 결말
로 다가가고 있다."

38 제자들이 말했다. "보십시오, 주님. 칼 두 자루가 있습니
다!"

그러자 예수께서 말씀하셨다. "그만하면 됐다. 칼 이야기는
그만하자!"

올리브 산에서 잡히시다

39-40 예수께서 거기를 떠나, 전에 자주 다니시던 올리브 산으로 가셨다. 제자들이 그분을 따라갔다. 그곳에 이르자, 예수께서 말씀하셨다. "유혹에 넘어가지 않도록 기도하여라." 41-44 예수께서 그들을 떠나 돌을 던져 닿을 만한 거리에 가셨다. 거기서 무릎을 꿇고 기도하셨다. "아버지, 이 잔을 내게서 거두어 주십시오. 그러나 내가 원하는 대로 하지 마시고, 아버지께서 원하시는 대로 행하십시오. 아버지께서 원하시는 것이 무엇입니까?" 그때 하늘에서 천사가 나타나 그분 곁에 서서 힘을 북돋아 주었다. 예수께서 계속해서 더욱 간절히 기도하셨다. 예수의 얼굴에서 쏟아지는 땀방울이 마치 핏방울 같았다.

45-46 예수께서 기도를 마치고 일어나셔서 제자들에게 돌아와 보니, 그들이 슬픔에 잠겨 잠들어 있었다. 예수께서 말씀하셨다. "너희가 무슨 일로 자고 있느냐? 일어나거라. 유혹에 넘어가지 않도록 기도하여라."

47-48 예수께서 그 말씀을 하시자마자, 한 무리가 열두 제자 가운데 하나인 유다를 앞세우고 나타났다. 유다가 예수께 입 맞추려고 곧장 그분께 다가왔다. 예수께서 말씀하셨다. "유다야, 네가 입맞춤으로 인자를 팔려고 하느냐?"

49-50 예수와 함께 있던 이들이 사태를 보고 말했다. "주님, 우리가 싸울까요?" 그들 가운데 한 사람이 대제사장의 종에게 칼을 휘둘러 그의 오른쪽 귀를 잘라 버렸다.

⁵¹ 예수께서 말씀하셨다. "그냥 두어라." 그러고는 종의 귀를 만져 낫게 해주셨다.

⁵²⁻⁵³ 예수께서 거기에 온 사람들, 곧 대제사장과 성전 경비대와 종교 지도자들에게 말씀하셨다. "내가 위험한 범죄자라도 되는 것처럼 칼과 몽둥이로 내게 덤벼들다니, 이게 무슨 짓이냐? 내가 날마다 성전에서 너희와 함께 있었지만, 너희는 내게 손 하나 대지 않았다. 그러나 이제 너희 뜻대로 하여라. 지금은 어두운 밤이요, 어두운 시간이다."

베드로가 예수를 부인하다

⁵⁴⁻⁵⁶ 그들이 예수를 체포해서, 대제사장의 집으로 끌고 갔다. 베드로는 안전한 거리를 두고 뒤따라갔다. 사람들이 안뜰 한가운데서 불을 피우고 둘러앉아 불을 쬐고 있었다. 불가에 앉아 있던 여종 하나가 베드로를 알아보았다. 그리고 다시 유심히 보더니 말했다. "이 사람도 저 자와 함께 있었어요!"

⁵⁷ 베드로가 부인했다. "여자여, 나는 그를 알지도 못하오."

⁵⁸ 조금 있다가, 다른 사람이 베드로를 알아보고 말했다. "너도 저들과 한패다."

그러나 베드로는 잡아뗐다. "이 사람아, 나는 아니라고."

⁵⁹ 한 시간쯤 후에, 또 다른 사람이 아주 단호하게 말했다. "이 사람은 저 자와 함께 있었던 것이 틀림없소. 갈릴리 사람이라는 표시가 이 사람의 온몸에 새겨져 있소."

⁶⁰⁻⁶² 베드로가 말했다. "이보시오. 나는 당신이 무슨 말을 하는지 모르겠소." 바로 그때, 베드로가 마지막 말을 끝마치기 전에 수탉이 울었다. 그때에, 주님께서 고개를 돌려 베드로를 바라보셨다. 베드로는 "수탉이 울기 전에, 네가 나를 세 번 부인할 것이다"라고 하신 주님의 말씀이 생각났다. 그는 밖으로 나가서, 하염없이 흐느껴 울고 또 울었다.

조롱을 당하시다

⁶³⁻⁶⁵ 예수를 맡은 자들이 그분을 마구 때리며 조롱하기 시작했다. 그들은 예수께 눈가리개를 씌우고 놀렸다. "이번에 너를 친 사람이 누구냐?" 그들은 그분을 가지고 신나게 놀았다.

⁶⁶⁻⁶⁷ 아침이 되자, 백성의 종교 지도자와 대제사장과 종교 학자들이 다 모여서 예수를 최고의회 앞으로 끌고 갔다. 그들이 말했다. "네가 메시아냐?"

⁶⁷⁻⁶⁹ 예수께서 대답하셨다. "내가 그렇다고 해도 너희는 나를 믿지 않을 것이다. 내가 너희 질문이 무슨 뜻이냐고 물어도 너희는 대답하지 않을 것이다. 내가 할 말은 이것이다. 이제 후로는, 인자가 하나님의 오른편, 권능의 자리에 앉게 될 것이다."

⁷⁰ 그들이 일제히 말했다. "그러면 네가 하나님의 아들이라고 한 주장을 스스로 인정하는 것이냐?"

"그 말을 계속하는 사람은 너희다." 예수께서 말씀하셨다.

⁷¹ 그러자 그들이 마음을 정했다. "우리에게 무슨 증거가 더 필요하겠소? 우리가 들은 것처럼, 이 자는 자기 입으로 하나님의 아들이라고 말한 것이나 다름없소."

빌라도에게 사형선고를 받으시다

23

¹⁻² 그 후에 그들 모두가 예수를 빌라도에게 끌고 가서 고발하기 시작했다. 그들은 말했다. "우리가 보니, 이 사람은 우리의 법과 질서를 허물고, 황제께 세금 바치는 것을 방해하고, 스스로 메시아 왕이라고 말했습니다."

³ 빌라도가 예수께 물었다. "네가 유대인의 왕이라는 이 말이 사실이냐?"

예수께서 대답하셨다. "그것은 내 말이 아니라, 네 말이다."

⁴ 빌라도는 대제사장들과 함께한 무리에게 말했다. "나는 아무 잘못도 못 찾겠소. 내가 보기에 이 자는 죄가 없는 인물 같소."

⁵ 그러나 그들은 맹렬했다. "그 사람은 갈릴리에서부터 시작해서, 이제는 온 유대 곳곳에서 평화를 어지럽히고, 자신의 가르침으로 백성 가운데 불안을 조장하고 있습니다. 그는 평화를 위협하는 인물입니다."

⁶⁻⁷ 빌라도가 그 말을 듣고 물었다. "그러니까, 이 사람이 갈릴리 사람이란 말이오?" 빌라도는 예수가 본래 헤롯의 관할이라는 것을 알고는, 헤롯에게 책임을 떠넘겼다. 마침 헤롯

은 며칠간 예루살렘에 와 있었다.

8-10 헤롯은 예수가 나타나자 기뻐했다. 그는 오래전부터 예수를 보고 싶어 했고, 그분에 대한 이야기를 귀가 닳도록 들어 왔다. 그는 예수가 무슨 대단한 일을 행하는 것을 보고 싶어 했다. 헤롯은 예수께 질문을 퍼부었으나, 예수께서는 대답이 없으셨다. 한 마디도 하지 않으셨다. 그러나 대제사장과 종교 학자들은 곁에 서서 저마다 한 마디씩 신랄하고 격한 소리로 그분을 고발했다.

11-12 헤롯은 크게 기분이 상해 예수를 자극했다. 헤롯의 병사들도 합세해서 조롱하고 비아냥거렸다. 그러고는 공들여 만든 왕의 복장을 그분께 입혀서 빌라도에게 돌려보냈다. 전에는 생전 가까이하지 않던 헤롯과 빌라도가 그날은 둘도 없는 사이가 되었다.

13-16 빌라도가 대제사장과 통치자와 다른 사람들을 불러들여 놓고 말했다. "여러분은 이 사람이 평화를 어지럽힌다고 해서 나에게 데려왔소. 내가 여러분 모두가 보는 앞에서 그를 심문해 보았으나, 여러분의 고발을 뒷받침할 만한 것을 하나도 찾지 못했소. 헤롯 왕도 혐의를 찾지 못해 이렇게 무혐의로 돌려보냈소. 이 사람은 죽을 만한 일은 고사하고 아무 잘못도 없는 것이 분명하오. 그러니 조심하라고 경고해서 이 사람을 풀어 주겠소."

18-20 그러자, 무리가 격해졌다. "그 자를 죽이시오! 우리에게 바라바를 주시오!" (바라바는 그 도시에서 폭동을 일으키고

살인을 저지른 죄로 감옥에 갇혀 있었다.) 그럼에도 빌라도는 예수를 놓아주고 싶어서, 다시 분명히 말했다.

²¹ 그러나 그들은 계속 소리쳤다. "십자가에 못 박으시오! 그 자를 십자가에 못 박으시오!"

²² 빌라도가 세 번째로 나섰다. "그러나 무슨 죄목 때문이오? 나는 이 사람한테서 죽일 만한 죄를 찾지 못했소. 조심하라고 경고해서 이 사람을 풀어 주겠소."

²³⁻²⁵ 그러나 무리는 고함을 치면서, 예수를 십자가에 못 박으라고 막무가내로 우겼다. 결국 그들의 고함소리가 빌라도의 말문을 막았다. 빌라도는 잠자코 그들의 뜻을 들어주었다. 그는 폭동과 살인죄로 감옥에 갇혀 있던 사람을 풀어 주고, 예수를 그들에게 넘겨주어 그들이 원하는 대로 하게 했다.

십자가에 못 박히시다

²⁶⁻³¹ 그들이 예수를 끌고 가다가, 마침 시골에서 올라오던 구레네 사람 시몬에게 십자가를 지워 예수의 뒤를 따르게 했다. 큰 무리가 뒤를 따랐고, 여자들도 함께 따라가면서 슬피 울었다. 예수께서 여자들을 돌아보며 말씀하셨다. "예루살렘의 딸들아, 나를 위해 울지 마라. 너희와 너희 자녀들을 위해 울어라. 사람들이 이렇게 말할 날이 올 것이다. '임신하지 못하는 여자는 복되다! 아이를 낳아 보지 못한 태는 복되다! 젖을 먹인 적 없는 가슴은 복되다!' 그때에 사람들이 산에다 대고 '우리 위로 무너져 내려라!' 하고, 언덕에다 대

고 '우리를 덮어 버려라!' 하고 외칠 것이다. 사람들이 살아 있는 푸른 나무에도 그렇게 하는데, 말라 버린 나무에는 어떻게 할지 상상이 되느냐?"

³² 다른 죄수 두 사람도 사형을 받으러 예수와 함께 끌려갔다. ³³ 해골 언덕이라는 곳에 이르러, 그들이 예수를 십자가에 못 박았다. 두 죄수도 하나는 그분 오른쪽에, 다른 하나는 왼쪽에 못 박았다.

³⁴⁻³⁵ 예수께서 기도하셨다. "아버지, 이 사람들을 용서해 주십시오. 이 사람들은 자기들이 무슨 일을 하는지 모릅니다." 그들은 주사위를 던져 예수의 옷을 나눠 가졌다. 사람들이 거기 서서 예수를 구경했고, 주모자들도 비웃으며 말했다. "저가 다른 사람들은 구원했는데, 자기 자신도 구원하는지 보자! 하나님의 메시아라고? 선택받은 자라고? 아하!"

³⁶⁻³⁷ 병사들도 다가와 예수를 조롱하고 비웃었다. 그들은 신 포도주로 그분께 건배를 제안했다. "유대인의 왕이여! 너나 구원해 보아라!"

³⁸ 예수의 머리 위에는 '이 사람은 유대인의 왕'이라고 쓴 팻말이 붙어 있었다.

³⁹ 함께 달린 죄수 가운데 한 사람도 그분을 저주했다. "너는 대단한 메시아가 아니냐! 너를 구원해 보아라! 우리를 구원해 보라고!"

⁴⁰⁻⁴¹ 그러나 다른 죄수가 그의 말을 막았다. "너는 하나님이 두렵지도 않느냐? 이분은 너와 똑같은 일을 당하고 있다.

우리야 처벌받는 것이 마땅하지만, 이분은 그렇지 않다. 이
분은 이런 처벌을 받을 만한 일을 하신 적이 없다."
⁴² 그러고 나서 그가 말했다. "예수님, 당신의 나라에 들어
가실 때에 저를 기억해 주십시오."
⁴³ 예수께서 말씀하셨다. "걱정하지 마라. 내가 그렇게 하겠
다. 오늘 네가 나와 함께 낙원에 있을 것이다."
⁴⁴⁻⁴⁶ 어느덧 정오가 되었다. 온 땅이 어두워졌고, 그 어둠은
이후 세 시간 동안 계속되었다. 칠흑 같은 어둠이었다. 성전
의 휘장 한가운데가 찢어졌다. 예수께서 큰소리로 부르짖으
셨다. "아버지, 내 생명을 아버지 손에 맡깁니다!" 그 말을
하시고 예수께서 숨을 거두셨다.

❧

⁴⁷ 그 자리에 있던 지휘관이 일어난 일을 보고, 하나님께 영
광을 돌렸다. "이 사람은 죄 없는 사람이었다! 선하고 죄 없
는 사람이었다!"
⁴⁸⁻⁴⁹ 그 광경을 구경하려고 모인 사람들도, 실제로 일어난
일을 보고는 모두 비탄에 잠긴 채 집으로 돌아갔다. 예수를
잘 아는 사람들과 갈릴리에서부터 그분을 따라온 여자들은,
숙연한 마음으로 멀찍이 서서 지켜보았다.
⁵⁰⁻⁵⁴ 유대 최고의회 의원으로 요셉이라는 사람이 있었는데,
그는 마음이 선하고 성품이 어진 사람이었다. 그는 의회의
계획과 행동에 찬성하지 않았다. 유대인 동네 아리마대가

고향인 그는, 하나님 나라를 간절히 기다리며 살아온 사람
이었다. 그가 빌라도에게 가서 예수의 시신을 거두게 해달
라고 청했다. 요셉은 그분을 십자가에서 내려 세마포 수의
에 싸서, 아직 아무도 사용한 적이 없는, 바위를 깎아서 만
든 무덤에 그분을 모셔 두었다. 그날은 안식일 전날이었고,
안식일이 막 시작될 무렵이었다.

⁵⁵⁻⁵⁶ 갈릴리에서부터 예수를 늘 따라다닌 여자들이 뒤따라
가서 예수의 시신을 모셔 둔 무덤을 보았다. 그러고는 돌아
가서 장례용 향료와 향유를 준비했다. 그들은 계명대로 안
식일에 조용히 쉬었다.

그분은 다시 살아나셨다

24 ¹⁻³ 일요일 새벽에, 여자들은 미리 준비해 두었
던 장례용 향료를 가지고 무덤으로 갔다. 그들
은 무덤 입구를 막은 돌이 옮겨져 있는 것을 발견하고, 안으
로 들어갔다. 그런데 안에 들어가 보니, 주 예수의 시신이
보이지 않았다.

⁴⁻⁸ 그들은 어찌 된 영문인지 몰라 당황했다. 그때 온몸에 광
채가 나는 두 사람이 갑자기 나타나, 그들 곁에 섰다. 여자
들은 두려워서 엎드려 경배했다. 그들이 말했다. "어째서
너희는 살아 계신 분을 무덤에서 찾고 있느냐? 그분은 여기
계시지 않고, 다시 살아나셨다. 너희가 갈릴리에 있을 때에,
그분께서 자기가 죄인들에게 넘겨져 십자가에서 죽임을 당

하고, 사흘 후에 살아나야 한다고 말씀하신 것을 기억하느냐?" 그때서야 여자들은 예수의 말씀이 생각났다.

9-11 그들은 무덤에서 돌아와, 이 모든 소식을 열한 제자와 나머지 사람들에게 전했다. 막달라 마리아와 요안나와 야고보의 어머니 마리아와 함께 있던 다른 여자들이 사도들에게 계속 이야기했으나, 사도들은 그들의 말을 한 마디도 믿지 않았다. 그들은 여자들이 지어낸 말이라고 생각했다.

12 그러나 베드로는 벌떡 일어나 무덤으로 달려갔다. 그가 몸을 구부려 안을 들여다보니, 보이는 것이라고는 수의가 전부였다. 그는 이상하게 여겨 고개를 저으며 돌아갔다.

엠마오 가는 길

13-16 바로 그날에, 그들 가운데 두 사람이 예루살렘에서 11킬로미터쯤 떨어진 엠마오라는 마을로 걸어가고 있었다. 그들은 그동안 일어난 모든 일을 되돌아보며 깊은 대화를 나누고 있었다. 그들이 한참 묻고 말하는 중에, 예수께서 다가오셔서 그들과 함께 걸으셨다. 그러나 그들은 그분이 누구신지 알아보지 못했다.

17-18 예수께서 물으셨다. "당신들은 길을 가면서 무슨 이야기를 그토록 열심히 합니까?"

그들은 가장 친한 벗을 잃은 듯한 침통한 얼굴로 그 자리에 멈춰 섰다. 그중에 글로바라는 사람이 말했다. "지난 며칠 동안 있었던 일을 예루살렘에서 당신 혼자만 모른단 말입니까?"

19-24 예수께서 말씀하셨다. "무슨 일이 있었습니까?"

그들이 말했다. "나사렛 예수께 일어난 일입니다. 그분은 하시는 일과 말에 능력이 있고, 하나님과 온 백성에게 축복받은 하나님의 사람이자 예언자셨지요. 그런데 대제사장과 지도자들이 그분을 넘겨주어서, 사형선고를 받게 하고, 십자가에 못 박았습니다. 우리는 그분이야말로 이스라엘을 구원하실 분이라는 희망을 품고 있었습니다. 그 일이 있은 지 벌써 사흘째입니다. 그런데 지금 우리 가운데 몇몇 여자들이 우리를 완전히 혼란에 빠뜨렸습니다. 오늘 아침 일찍 그들이 무덤에 갔는데, 그분의 시신을 찾을 수 없었다고 합니다. 그들이 돌아와서 하는 말이, 자기들이 천사들의 환상을 보았는데, 천사들이 예수께서 살아 계시다고 했다는 겁니다. 우리의 친구들 가운데 몇 사람이 무덤에 가서 확인해 보니, 여자들 말대로 무덤이 비어 있었지만 예수를 보지는 못했습니다."

25-27 그러자 예수께서 말씀하셨다. "당신들은 머리가 둔하고 마음이 무딘 사람들이군요! 어째서 당신들은 예언자들이 말한 모든 것을 단순히 믿지 못합니까? 당신들은 이런 일이 일어나야 한다는 것과, 메시아가 고난을 겪고서 자기 영광에 들어가야 한다는 것을 알지 못합니까?" 그러고 나서 예수께서는 모세의 책들로 시작해 예언서를 전부 살피시면서, 자신을 언급한 성경 구절들을 모두 짚어 주었다.

28-31 그들은 자신들이 가려던 마을 어귀에 도착했다. 예수께서 계속 가시려는 듯하자 그들이 간청했다. "우리와 머물며 함께 저녁을 드십시오. 날이 저물어 저녁이 되었습니다." 그래서 예수께서 그들과 함께 들어가셨다. 예수께서 그들과 함께 식탁에 앉으셔서 빵을 들어 축복하시고, 떼어서 그들에게 주셨다. 그 순간, 그들의 눈이 열렸다. 깜짝 놀라 눈이 휘둥그레진 그들이 예수를 알아보았다. 그러나 그 순간, 예수께서 사라지셨다.

32 그들이 서로 말을 주고받았다. "그분이 길에서 우리와 대화하며 성경을 풀어 주실 때, 우리 마음이 뜨거워지지 않았습니까?"

제자들 앞에 나타나시다

33-34 그들은 한시도 지체하지 않고, 일어나서 곧장 예루살렘으로 돌아갔다. 가 보니, 열한 제자와 친구들이 함께 모여 이야기하고 있었다. "사실이다! 주님께서 살아나셨다. 시몬이 주님을 보았다!"

35 이어서 그 두 사람도 길에서 있었던 일과, 예수께서 빵을 떼실 때에 자기들이 그분을 알아본 일을 모두 이야기했다.

36-41 그들이 이런 이야기를 하고 있는데, 예수께서 그들 앞에 나타나 말씀하셨다. "너희에게 평안이 있기를!" 그들은 자기들이 유령을 보고 있는 줄 알고 잔뜩 겁을 먹었다. 예수께서 그들에게 말씀하셨다. "당황하지 마라. 그리고 이 모

든 의심에 휩쓸리지도 마라. 내 손을 보고 내 발을 보아라. 정말로 나다. 나를 만져 보아라. 머리부터 발끝까지 나를 잘 보아라. 유령은 이런 근육과 뼈가 없다." 이렇게 말씀하시며, 그들에게 자신의 손과 발을 보여주셨다. 그들은 자기 눈으로 보면서도 여전히 믿을 수가 없었다. 너무 좋아서 믿기지 않았다.

41-43 예수께서 물으셨다. "여기에 먹을 것이 좀 있느냐?" 그들은 요리해 둔 생선 한 토막을 그분께 드렸다. 예수께서는 그것을 받아 그들이 보는 앞에서 드셨다.

너희는 증인이다

44 예수께서 말씀하셨다. "내가 너희와 함께 있을 때에, 나에 대해 기록한 모세의 율법과 예언서와 시편의 모든 것이 이루어져야 한다고 말했다."

45-49 예수께서는 계속해서 그들이 하나님의 말씀을 깨닫도록 이해력을 넓혀 주시고, 성경을 어떻게 읽어야 하는지 설명해 주셨다. 그분께서 말씀하셨다. "너희가 아는 것처럼 이렇게 기록되어 있다. 메시아가 고난을 겪고, 사흘째 되는 날에 죽은 자들 가운데서 살아나며, 죄 용서를 통한 전적인 삶의 변화가―이곳 예루살렘에서부터 시작해 모든 민족에게까지―그분의 이름으로 선포될 것이다! 너희는 그것을 보고 들은 첫 증인들이다. 이제 이 다음부터가 매우 중요하다! 내 아버지께서 약속하신 것을 내가 너희에게 보내 주겠

다. 너희는 그분이 오셔서 위로부터 오는 능력을 입을 때까지 이 성에 머물러 있어라."

50-51 예수께서 그들을 데리고 성에서 나가 베다니로 가셨다. 예수께서 손을 들어 그들을 축복하시고, 그들을 떠나 하늘로 들려 올라가셨다.

52-53 그들은 무릎을 꿇고 그분께 경배하고, 터질 듯한 기쁨을 안고 예루살렘으로 돌아왔다. 그들은 하나님을 찬양하면서 모든 시간을 성전에서 보냈다!